プロブレムQ&A

同性愛って何？

［わかりあうことから共に生きるために］

■

伊藤　悟・大江千束・小川葉子・石川大我
簗瀬竜太・大月純子・新井敏之・著

緑風出版

プロブレムQ&A

目次

プロブレムQ&A

Ⅰ 同性愛とはなにか──入門的基礎知識

Q1 同性愛って何ですか? 12
同性愛ってよく話題になっていますが、どんなことをさすのですか? 同性を好きになるなんて信じられないし全く想像がつきません。昔からあったのですか?

Q2 同性愛者はどれくらいいるのですか? 16
同性愛の人に日常生活であまり出会ったことがないのですが、実際のところ、どのくらいいるのですか? また、どうして同性を好きになるのですか?

Q3 性同一性障害の人と同性愛の人はどこが違うんですか? 20
身体が女性なのに女性が好きということは、心が男ってことになるんですか? 最近話題になっている「性同一性障害」になっているってことですか?

Q4 生殖をともなわない同性愛ってやっぱり異常なんじゃないですか? 24
同性同士では、子どもができませんよね? 人間って、やっぱり子孫を残すために生まれてきているわけだから、同性愛は異常なんじゃないですか?

Q5 同性愛の人たちのことは何と呼べばよいのですか? 28
「レズ」「ホモ」「ゲイ」「オカマ」とか同性愛の人はいろいろな呼ばれ方をしていますけど、それぞれ意味が違うんですか? どう呼べばいいのですか?

Ⅱ 聞きたいけど聞けなかった素朴な疑問集

Q6 同性愛者はどんなふうに恋愛をするのですか? 34
同性同士の恋愛って、よくわからないけど特殊な形とか方法があるんですか? 「男役」「女役」があるって聞いたこともありますけれど……。

Q7 いつからレズビアンやゲイに「なった」のですか？

異性を好きになれないなんて、幼いころに異性と嫌なことがあったとか、きっかけがあるんじゃないんですか？　いつから同性を好きになったんですか？

38

Q8 異性に魅かれないなんてもったいないとは思わないんですか？

カッコいいゲイやすてきなレズビアンの人を見かけると、もったいないと思います。だって、異性にもてた方が、幸せでいいんじゃないですか？

42

Q9 同性愛者の人たちは、どうやって知り合うのですか？

同性愛の人たちって、パッと見てわからないのですけれど、どうやって知りあっているのか不思議です。何かオーラでわかったりするのでしょうか？

46

Q10 ゲイの人たちは次々に相手を変えるって本当ですか？

テレビのワイドショーや週刊誌とかを見ていると、ゲイの人たちって、すぐセックスをしてしまうみたいですけど、本当ですか？　危険じゃないんですか？

50

Ⅲ 同性愛者に出会ったらどうすればいい？

Q11 どうして私たちは同性愛者に出会わないのですか？

私は、生まれてから今まで、生活の中でひとりも同性愛者に会ったことがありません。どうしてこんなに出会わないのでしょう？　隠れているのですか？

56

Q12 子どもが同性愛者だってわかったら、親はどうすればいいのですか？

私の子どもの部屋に同性愛者向けの雑誌がありました。子どもが同性愛かと思うと悲しくて、夜も眠れず泣きたくなります。どうしたらいいのでしょう？

62

Q13 友人から「ゲイ」「レズビアン」だとカミングアウトされました
友人から、唐突に、自分は同性愛なんだと言われました。今までそういう人に会ったことがなかったので戸惑っています。どう接したらいいのでしょうか？
66

プロブレムQ&A

Q14 クラスに「オカマ」「ホモ」「レズ」と言われていじめられている生徒がいます
担任である私は、なんとか注意をしたいと思っています。しかし、どうしたらいいのかわかりません。本人の気持ちも含めて知りたいのですが。 70

Ⅳ 社会的な差別とどう向きあうか

Q15 ゲイで困ることって、何ですか?（生活上の不便・困難）
ゲイの人って、何か生活の上で困ることってあるのでしょうか? ただ同性が好きってだけで、日常生活には、何ら支障などないように思えるのですが。 76

Q16 レズビアンで困ることって、何ですか?（生活上の不便・困難/精神的な困難）
レズビアンの人は、女性が好きな女性ってだけなわけですから、生きていく上で、何か不便なことか不利益なことなんて、ないんじゃないんですか? 80

Q17 ゲイで困ることって、何ですか?（精神的な困難）
ゲイであるってことで難しく考えすぎていませんか? 別に自分が男性を好きだってだけで、気にしなければどーってことないんじゃないですか? 84

Q18 私は別に同性愛者の方を差別なんかしてませんよ
私は、今まで、同性愛の人を軽蔑したり、差別したりした記憶がありません。それなのに、いろいろやかましく言われているようで不快なのですけれど。 90

Q19 学校教育の中で同性愛はどんなふうに取り扱われていますか?
同性愛のことって、学校で扱われることがあるんでしょうか? もし性教育などで教えられているとしたら、時期尚早って気がするんですけれど。 98

Q20 メディアは同性愛者の姿をきちんと伝えていますか?
テレビのバラエティやワイドショーでは、「ホモネタ」でけっこう笑えますけど、いけないことなんですか? マスコミ全体はどう扱っているのですか? 102

Q21 ゲイ・フレンドリーな企業ってあるんですか？

職場で、同性愛の人が自分のことを話しても、仕事を続けられるとこなんてあるのでしょうか？　やっぱり企業イメージとかがあったりするでしょうし……。

106

Q22 聖書には「同性愛は罪である」と書かれてあるのでしょうか？

聖書には、同性愛は罪であると書かれていて、厳しく禁じられていると、知り合いの教会の人から聞いたことがあります。その通りなのでしょうか？

110

Q23 キリスト教は同性愛を受け入れていますか？

教会へ行くと、同性愛をやめるよう、牧師から諭されるのでしょうか？　そもそも、キリスト教では同性愛のことをどう考えているのでしょうか？

114

Q24 「カミングアウト」ってどういう意味ですか？

このところ、いろいろな機会に「カミングアウト」という言葉を聞きます。秘密の告白って感じに使われていますが、それでいいのでしょうか？

120

V 法的な差別をどう変えるか

Q25 同性愛って人権の問題なのですか？

日本の法律では、同性愛について何かふれられているのでしょうか。禁止されているのでしょうか？　それとも、許されているのでしょうか？

128

Q26 日本では同性愛者は結婚できますか？　またそれに代わる制度がありますか？

同性同士愛し合っていたら、結婚を考えると思うのですが、日本では、結婚できるのでしょうか？　あるいは、それに近い制度でもあるのでしょうか？

136

Q27 同性愛者の結婚を認めている国はありますか？

外国では、同性同士が結婚式を挙げている、というニュースをテレビで見たことがあります。各国の制度は、それぞれどうなっているのですか？

140

プロブレムQ&A

Q28 同性愛者であっても子育てはできるのですか?

子どもを育てるのには、母親と父親が必要不可欠だと思います。同性カップルが、子どもを育てることができるとはとても考えられないのですが?

144

VI 当事者からの質問――希望を持って生きよう

Q29 同性愛者であることに自信が持てず、いつも自己否定的になってしまいます
同性を好きになることって、やっぱり世間には認められていないし、自分が嫌になり、同性愛者に生まれてこなければよかった、とさえ思ってしまいます……。
150

Q30 どうやって友達や恋人を探したらいいでしょうか?（ゲイ編）
毎日の生活の中では、同性を好きな人を見つけることなど全くできません。どうしたら、どこへ行ったら、友だちや恋人を見つけることができるのでしょうか?
154

Q31 レズビアンの人が集まる場所を教えてもらえることはできますか?

自分はレズビアンではないかと思っています。同じレズビアンの人と話してみたいのですが、どんな場所へ行ったら、レズビアンに会えるのでしょうか?

158

Q32 ゲイバーってどんなところなんですか?

ゲイが出会う場所のひとつにゲイバーというのがあると知りました。行ってみたいとは思うのですが、どんなとこかわからず怖くてひとりでは入れません……。

162

Q33 セイファーセックスってどうやればいいの?（ゲイ編）
最近、異性愛者の若者の間で、性感染症が急増していると聞きました。男同士でセックスをする時って、どうやって感染を防げばよいのですか?
166

Q34 女性同士でもセイファーセックスは必要なのでしょうか?

異性愛の人でも、性感染症が問題になっています。でも、女性同士ならば、かえってそういうことを心配せずにセックスができるのではないでしょうか?

170

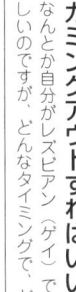

プロブレムQ&A

I

同性愛とはなにか——入門的基礎知識

Q1 同性愛って何ですか？

同性愛ってよく話題になっていますが、どんなことをさすのですか？　同性を好きになるなんて信じられないし全く想像がつきません。昔からあったのですか？

同性愛者は存在しなかった⁉

同性《どうせい》を恋愛《れんあい》・性欲《せいよく》の対象《たいしょう》にする人たちの存在は、かなり古くから世界中で記録されています。ヨーロッパでは古代ギリシャ・ローマから、日本でも『日本書紀《にほんしょき》』に記載《きさい》があります。つまり、どの時代にもどんな場所にも存在していたわけです。

もちろん、そうした意識・行動に対する許容度《きょようど》は、それぞれの文化の中で、また時代によって、変化がありました。とりわけ子どもを増やすことが至上命令《しじょうめいれい》になった場合は、禁止されることが多かったようです。

厳密《げんみつ》に同性愛《どうせいあい》／異性愛《いせいあい》という分け方が意識されるようになるのは、近代に入ってからです。もともとその境界線《きょうかいせん》は、極めてあいまいなものです。恋愛と友情ですら、言葉の上で区別されるようになったのは同時期です（実態としてもその境界は意識されていませんでした。だから同性に対する感情も否定されきってしまうことはな

文献に見る同性を好きな人たち

日本の古代から中世にかけて、同性を好きになる人びとがさまざまな文献に登場します。『日本書紀』にも複数出てきますが、一例をあげると、「巻第九　神功皇后　摂政元年二月」に、非常に仲のよい神官ふたりの片方が死んだあと、もう片方が後追い、それを悼んだ村人がいっしょに埋葬したら、昼も夜のように暗くなってしまい、それに対し訪れた神功皇后が別々に埋葬し直すように指示したところ、無事に昼が戻った、という話があります。あとを追って自殺するほどの同性への想いも、否定されたことになります。

かったのです)。禁止する必要ができて初めて人為的《じんいてき》に境界線が引かれ、名前が付けられるのです。

中世までに、教会や為政者《いせいしゃ》の都合で様々な名前を付けられて排除《はいじょ》されていた「同性を恋愛・性欲の対象にする人たち」に、新しく興ったドイツの近代医学が〝homosexuality〟という「病名」を与えます。この単語は、独立して生まれたものではなく、過剰《かじょう》な性欲や当時の支配的価値観からはずれる恋愛・性欲の形を「治療《ちりょう》」しようとして生まれました。「治療」対象の「性」のあり方を対象別に〝heterosexuality〟(異性愛)、〝homosexuality〟(同性愛)と定義したのです。これを推進《すいしん》した医学者の中には「病気」にすることによって「同性を恋愛・性欲の対象にする人たち」への同情を作り出して救済《きゅうさい》するという意図《いと》を持っている人もいました。

しかし、「異性を恋愛・性欲の対象にする人たち」に対する許容度は、「同性を恋愛・性欲の対象にする人たち」と比べ物にならないほど大きかったわけですから、あっという間に「治療」対象は、「同性を恋愛・性欲の対象にする人たち」だけになっていってしまいます。「治療」対象でなくなる過程は後述しますが、とりあえず〝homosexual〟(同性愛者)と呼ばれる人たちが社会に姿を現わすことになりました。

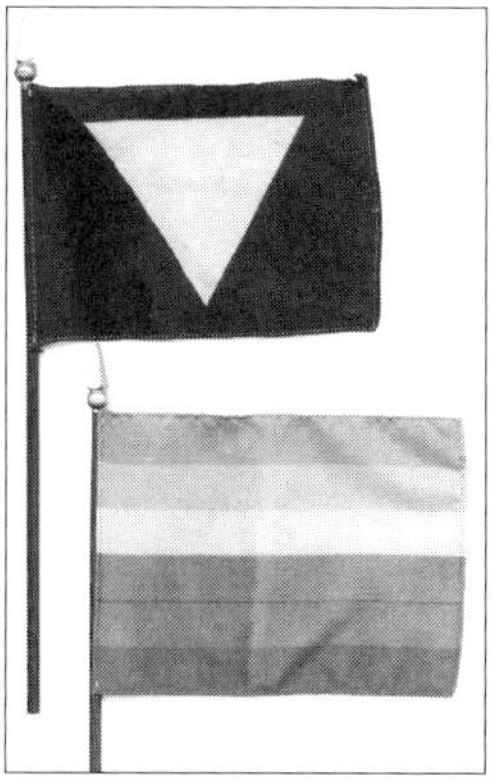

同性愛者解放運動のシンボルのピンクトライアングル(上)とレインボーフラッグ(下)

近代に強化された同性愛嫌悪

近代は、資本主義という、競争によって生産力を限りなく高めていくことを目標とする価値観《かちかん》が社会を動かす原動力《げんどうりょく》になりました。そのためには、男性を「労働力」として際限《さいげん》なくこき使い、女性を家事と子育てに専念させて男性を支えさせる、という分業が最も能率的《のうりつてき》でした。国を挙げてその体制が推奨《すいしょう》されて行く中で（植民地支配を含む戦争＝国家間競争の時代へも向かいます）、「異性愛」は社会をより強固に支配する価値観になっていき、同性愛者たちは、名前を得ると同時に排除される対象として明確に意識されていきます。

そのひとつの極限《きょくげん》はナチス・ドイツでした。ドイツ民族の繁栄《はんえい》に「役に立たない」男性同性愛者を収容所に送り込み、強制労働をさせ虐殺《ぎゃくさつ》したのです。その時収容所で男性同性愛者たちに付けられたピンクトライアングル（ピンクの三角形）は、後に同性愛者解放運動のシンボルとなります。

したがって、〝homosexual〟（同性愛者）という呼称《こしょう》は、アメリカの公民権運動→フェミニズムと続く流れが同性愛者たちの解放運動を呼び起こす中で、まず「ゲイ」に変化し、続いて「ゲイ女性」のおかれている立場は「女性」としての差別も含むという差異性から、「レズビアン」となって今日に至ります。

ナチスの男性同性愛者収容
『ピンクトライアングルの男たち』（ハインツ・ベーガー＝著・伊藤明子＝訳／現代書館）という強制収容所を生き残った人の手記に詳しい。

ピンクトライアングル
下向きのピンク色の正三角形。黒地にのせて、旗として使われることもあります。この他に、レインボーフラッグという六色（欧米では虹は六色として認識される）の縞模様の旗も、多様性の象徴として、レズビアン／ゲイのイベントやパレードなどで用いられます。一九七〇年代にサンフランシスコのアーティストがデザインしたと言われており、今日

同性愛をどう定義するか

とは言え、「レズビアン／ゲイ」という呼び方が確立したとしても、その定義《ていぎ》は極めて難しいことになります。人間の内面、それも恋愛感情や性欲の程度を何かの単位で測《はか》ることなど不可能です。そもそも同性愛と異性愛の境界があいまいな以上、「同性と性行為をしたことがある」から「レズビアン／ゲイ」だと言い切るわけにもいきません。自分はほぼ恒常的《こうじょうてき》に「同性を恋愛・性欲の対象にする」と思っている人が「レズビアン／ゲイ」として自己認識《じこにんしき》し、そう名乗っていくという「自己申告制」で考えるしかありません。

「異性愛」があまりにも当然で揺るぎないものとされている現代の社会では、たとえ境界があいまいであったとしても、その支配的な価値観と異なる価値観・存在があるのだということを社会が「学習」しきるまでは、「レズビアン／ゲイ」はここにいるのだ、というメッセージを発していかなければなりません（現代でも民族によっては逆に同性との性行為が当然のものとして文化に組み入れられているので、ことさらに区別して呼ぶ言葉を持たない場合もあります）。しばらく私たちは自分たちのことを「レズビアン／ゲイ」と呼んでいかざるを得ないのです。　〈伊藤　悟〉

では、家具・雑貨・装飾品などさまざまな「レインボー」アイテムが世界中で製作・使用されています。

ゲイ
一部で俗称として使われていた言葉を、その意味「陽気な」「前向きな」を強調して、当時者が自分たちの呼称として選びました。

レズビアン
古代ギリシャの女性詩人サッフォーがレスボス島で女性の共同体を作った歴史から取られました。

文化人類学の研究
ニューギニアの儀礼的同性愛などたくさんの例があります。詳しくは、『異性愛をめぐる対話』（伊藤・簗瀬編／飛鳥新社）に収録されている、伊藤悟と文化人類学者・棚橋訓の対談、『マーガレット・ミードとルース・ベネディクト』（ヒラリー・ラプスリー＝著・伊藤悟＝訳／明石書店）、などを参照にして下さい。

Q2 同性愛者はどれくらいいるのですか？

同性愛の人に日常生活であまり出会ったことがないのですが、実際のところ、どのくらいいるのですか？　また、どうして同性を好きになるのですか？

「性的指向」

人間が同性を好きになるか、異性を好きになるか、といった恋愛感情や性欲が向く方向のことを性科学用語で「性的指向《せいてきしこう》」といいます。

「性的指向」は、同性指向と異性指向とにきっぱりと二つに（あるいは「両性指向」を入れて三つに）分けられるものではありません。話を極端に簡単にすると、ある人間の中で、同性指向七〇％＋異性指向三〇％、のようにある割合で存在していて、その比率はほぼ生得的《せいとくてき》（生まれながらにそなわっている）で、自分の意志や他者の働きかけで大きく変化することはありません。こうした、二分法的ではなく様々な指向性を個人が持っている状態を「グラデーション」といいます。もちろん、その比率を数字化することもできませんし、社会の異性愛絶対主義の影響で自己認識することが困難な場合すらあります。

「性的指向」の表記
　上記の理由から、「性的志向」（可変性を示す）「性的嗜好」（選択した趣味）とは書きません。世界の公的機関でも、"sexual orientation"として使われています。

私たちレズビアン／ゲイは「どうして同性を好きになるのか」という質問をよく受けます。しかし、逆に「どうして異性を好きになるのか」という質問は全くされない（してもほとんどの人が質問の意味を理解できずポカンとしています）という力関係の差に注目して下さい。科学的にはどちらも解明されていないというのが現状なのです。だから、強いて言えば「どうして性的指向は多様なのか」なら問いとして成立するでしょう。そして、その答えは遺伝子的な答えが出る可能性こそあれ、まだ正確な解答は存在しません（Q4参照）。

同性愛者の数

以上のことと、Q1で述べてきた歴史的経緯も絡《から》めて考えていただくと、そもそも「同性愛者」が何％いるのか、という質問に答えること自体が極めて困難であることがわかっていただけると思います。「同性愛者」の定義の仕方によっては、その数字は大きく変わってくるのです。

最も数字が大きく出るのは、「同性愛者」を「同性と性行為をしたことがある」と定義した場合です。

よく聞かれる「一〇％」という数字は、一九四八年にアルフレッド・キンゼイ氏の調査研究が『キンゼイ報告』として世に出てから言われだしたものです。彼

一〇％
二〇〇一年十二月に発行されて以来ベストセラーを続けている『世界がもし一〇〇人の村だったら』（池田香代子＝再話＆C・ダグラス・ラミス＝対訳／マガジンハウス）の中に、「九〇人が異性愛者で、一〇人が同性愛者です」という項目があって注目されました。

が面接した白人男性の一〇%が「十六歳から五十五歳までの間に同性とのみセックスをしていた期間が三年以上あ」り、後の調査でも似た結果が出ています。

しかし、これがそのまま同性愛者の割合になるわけではありません。シカゴ大学とニューヨーク州立大学のチームが一九九四年に『キンゼイ報告』よりも偏《かたよ》りのない選び方でアメリカ人約三四〇〇人に対して行なった調査報告(『セックス・イン・アメリカ』NHK出版)では、自分を同性愛者あるいはバイセクシュアル(両性愛者)と考えている(つまり、自己申告制でレズビアン/ゲイと認識している)男性は二・八%、女性で一・四%でした。さらに、同性に魅《ひ》かれる、あるいは同性と性体験があるといった調査はおおむね三〜一〇%あたりの数字を示していました。

こうした新しい調査(ヨーロッパやごく少ないが日本でも)をもとに、レズビアン/ゲイだと自認する人の割合は、三%あるいは三〜五%と述べられる場合が多くなってきています。ひとつ注意しておかなければならないのは、こうした調査で完全に正確を期すのは不可能だということです。

大事なのは数字ではなく、同性を好きになる人が存在しているという事実

性的指向も含め、性に関することは基本的にはプライバシーですから、いくら調査のためといっても、語らない権利があります。ましてや、調査者との間に信《しん》頼関係《らいかんけい》がなく、回答した結果をどう利用されるか不安な場合には、あえて事実と異なる記載《きさい》をすることも少なくありません。日本では、とりわけ教員と生徒との信頼関係が薄いので、セクシャル・ハラスメントの調査をする時でも、一人ひとりの回答を封筒《ふうとう》に入れて封をして、回答者の学校の関係者が絶対に見ないようにして初めて調査が可能になるほどです。同性が好きなことがわかると、不利なことが起こる可能性の高い社会で、性的指向を調査するためには、研究者と当事者との信頼関係が不可欠なのです。

さらに言えば、数字そのものより大事なのは、何%であれ、一時的であれ、同性を好きになる人が存在しているという事実です。ある教員向け講演で、教室にひとりは同性愛の子どもがいてもおかしくない、と聞いたひとりの教員が「私は出会ったことがないから、そんなことは信じられない」と言って譲《ゆず》らなかった、というエピソードがあります。講演者は「同性が好きだということを言えないほど異性愛であるべきだという圧力が強い」「教員の側に子どもたちの声を聴く姿勢がないと、子どもたちは語ってくれない」と説明したそうですが、その教員は納得しなかったそうです。なぜ必ずどの職場・学校・地域にもいるはずの同性愛者が「見えない存在」になってしまっているのか、そこに想像力の翼を広げていくことが大切なのです。

〈伊藤　悟〉

セクシュアル・ハラスメント
　相手に不利益を生じさせる（相手の内面を傷つけたり不快にしたりすることを含みます）性的な言動・性的ないやがらせ。相手が主観的に不愉快だと感じればハラスメントとして成立します。

Q3 性同一性障害の人と同性愛の人はどこが違うんですか？

身体が女性なのに女性が好きということは、心が男ってことになるんですか？最近話題になっている「性同一性障害」になっているってことですか？

まず認識してほしいのは、「性同一性障害《せいどういつせいしょうがい》」が、ある個人の内面のみにかかわって生じる状態であるのに対して、「同性愛」は他者との関係の中で起こることを表わしているという点です。

「性同一性障害」の人たちは、心の性と身体の性が一致しない状態にあり、かなり幼い頃から、自分の身体的性別に対して違和感《いわかん》・不快感《ふかいかん》を感じ、「本来の」性別である反対の性になりたいと強く思い続けます。これは、社会が押し付けてくる性別役割に左右されません。性別適合手術《せいべつてきごうしゅじゅつ》を受けて、女性から本来の性別である男性となった虎井まさ衛さんは「たとえ無人島で生まれ育っても男になりたいと思っただろう」と語っています。手術前は、ぬいぐるみを来ている、あるいははがせないウロコで身体がおおわれている、という身体認識を持っていたそうです。女性としてのあり方（個人的であれ社会的であれ）が嫌いだから、男性にな

性別適合手術
外性器形成を含む、いわゆる「性転換手術」。

社会の誤解
性同一性障害の人が性別適合手術を受けて性別を変えたとき、周囲の

りたかったわけではないのです。

さらに、「性同一性障害」であるかどうかの判断基準に、誰を恋愛の対象とするか（同性を好きになるか、異性を好きになるか）は、全く入っていません。ですから、実際に性別適合手術を受けて性別を変えた（本来の性に戻った）人には、同性が好きな人も異性が好きな人も両方います。したがって、同性を好きになるか・異性を好きになるかというのは、全く違う次元《じげん》のことになります。

よく同性愛者に対して「身体は女性なのに女性が好きということは、心が男、ってことになるんですか？」といった質問がされますが、「心が男」の場合は同性愛者ではなく、「性同一性障害」ということになるのです。今の社会は、異性を愛することが大前提で、それ以外のさまざまな性があることなどなかなか想像がつかず、誰も疑ってみようとしません。だから、女性を求める女性と言われると、「心が男」であるとしか解釈しようがないのでしょう。ここから、同性愛者と「性同一性障害」の人たちが混同《こんどう》され、なおかつ、単純に異性を愛する人よりも下位におかれるという見方が広まる原因が生まれます。

ここで、性科学の成果に基づいてさまざまな性を整理する指標《しひょう》を紹介しておきましょう。指標は、⑴身体的な性、⑵性別に対する自認、⑶性的指向、⑷ジェンダー、の四つになります。


人びとは、その人は異性を好きになる、例えば、女性から男性に変わった人なら女性を好きになると思い込みがちです（それだけ社会は異性愛が当然だと考えているのです）。しかし、このQ３で述べた通り、性別に対する自認と性的指向は、全く連関のない別の指標なので、性同一性障害で自分本来の性に戻った人の性的指向はさまざまで決まっていません。女性から男性に変わった人には、女性を好きになる異性愛の人もいれば、男性を好きになる同性愛の人もいます。

性を整理する指標
分類そのものが人間の多様さを表わしきっていませんし、そもそも表現しきることも困難ですが、心の性と身体の性が一致して異性を恋愛・性欲の対象とするのが当然である社会の中に多様性を訴えていくためには、ある程度の分類・整理が不可欠です。

(1) **身体的な性**　女性と男性の二つしかないと思われがちですが、人間の性別は、遺伝子・内分泌《ないぶんぴつ》（ホルモンなど）・外性器・内性器など、いくつかの要素を総合的に判断して決められます。赤ちゃんが生まれた時、外見で性別を決定できると思い込まれていますが、それは判定できる確率が極めて高いというだけです。ですから、インターセックス（半陰陽者）と呼ばれる、女性と男性の中間的な領域に属する人たちが存在しています。これは、それゆえ人間の性が三通りになるということではなく、女性から男性まで、（決定の物差しが複数あるわけですから）明確な境界線がなく徐々に変化していくこと（グラデーション）を示しているのです。

(2) **性別に対する自認**　前述の通り、自分の身体的性別にかかわらず、自分で自分の身体的性をどうありたいと体感するか、という指標です。この性別に対する自認が身体の性と異なる人たちは、多くの場合「トランスジェンダー」と自称しています。「トランスジェンダー」の人たちの「違和感」の程度はさまざまで、ライフスタイルを変えるだけで落ち着ける人から、性別適合手術を受けないと自分らしく生きられない人（特別に「トランスセクシュアル」と呼ばれることもあります）まで、多様な（心と身体の）「折り合い」の付け方を必要としています。「性同一性障害」は、医学的な対応が必要な人のために作られた言葉な

トランスジェンダー
性同一性障害は、医学的な処置が必要な人に診断名として与えられるもので、同じく医学用語であるトランスセクシュアルは、性別適合手術が不可欠な最も重い性同一性障害を指します。それに対して、性別に対する自認が身体の性と異なる人たちを広くとらえようと（医学の対象にならない人も含めて）、当事者が使いだした言葉がトランスジェンダーです。

ので、「トランスジェンダー」と重なりますが、一致はしません。

(3) **性的指向**　恋愛・性欲の対象が同性であるか異性であるかを表わす指標です。Q2でも述べた通り、二分法的には分かれず、同性指向と異性指向がある割合でそれぞれの人の中に生得的に存在していて、その割合を数量化することは不可能ですが、グラデーションのようにさまざまな指向を持つ人がいます。個人個人の「性別に対する自認」をもとにして考えますので、身体的性別が男性で女性と自認しているトランスジェンダーの人が、女性を主に好きになるのであれば、同性指向（レズビアン）ということになります。

(4) **ジェンダー**　社会的に形成された、性別に対して「かくあるべし」という規範《きはん》（文書化されているいないを問わない）を指します。いわゆる「女（男）らしさ」です。歴史的・文化的・地域的に大きく変化します。今までの三要素は、個人の中で見れば、可変性《かへんせい》が小さいのに対して、自分の住む社会に存在している「ジェンダー」に対してどういう態度をとるかは、多様であると同時に、ライフヒストリーの中でもかなり変化します。ですから、女性から男性への「トランスジェンダー」の人が「男らしく」あろうとするとか、ゲイ（男性同性愛者）は「女性的」に振る舞う、などといった一般化は全くできません。それぞれの人が、ジェンダーに対してどう行動するかは、自己選択の範囲になるのです。〈伊藤　悟〉

Q4 生殖をともなわない同性愛ってやっぱり異常なんじゃないですか？

同性同士では、子どもができませんよね？ 人間って、やっぱり子孫を残すために生まれてきているわけだから、同性愛は異常なんじゃないですか？

「子どもを作るためだけにセックスをする」と言いきれる人はいるでしょうか？ 人間の性交は、動物の交尾《こうび》ではほとんどない大きな快感を味わえます。単なる性器の結合だけではなく、口唇《こうしん》・手足・肌・肛門《こうもん》その他身体全体を使った総合的なスキンシップで、非日常の解放感が得られ、お互いが親密になるためのコミュニケーションの一つでもあります。こうしたセックスの「快楽」「ふれあい」の側面は、ほとんどの人が享受《きょうじゅ》しているにもかかわらず、公的な場面（特に学校など）では偽善的《ぎぜんてき》に「いやらしい」、また語られるべきことではないものとされ、表裏矛盾《ひょうりむじゅん》した二重規範が成立しているのです。

このようにセックスを広くとらえた場合、異性同士でなくても、つまり性別に対する自認や性的指向に関係なく、性的コミュニケーションを交わしあう権利があると言えます。しかし、歴史をひもとけば、必要とあらばいつでも性交を「子《し》

人権としての性

こうした最新の性科学の知見に基づく性や性交についての考え方については、山本直英編著『セクシュアル・ライツ——人類最後の人権』（明石書店）をぜひ参考にして下さい。

孫繁栄《そんはんえい》」の枠内だけに押し込めて、出生をコントロールできる＝国家のために人材を供給する社会体制が常に求められてきました。そのために、二重規範が成立したばかりではなく、生殖以外の目的で行なわれる性行為に対しては、絶えずさまざまなレッテルが貼られて禁止されてきたのです（ときには生殖のための性行為でも特定の相手に限るなどさまざまな制限が加えられます）。「不道徳」「不謹慎《ふきんしん》」「異常」「倒錯《とうさく》」「禁断の愛」……。現代に近づくにつれ、メディアがその傾向に拍車《はくしゃ》をかけるために利用されます。

同性愛もその例に漏《も》れません。欧米などのキリスト教圏やイスラム教圏には「ソドミー法」があり、日本でも江戸時代までに為政者が何度も男性同士の性行為の禁止令を出しています。「ソドミー」とは、聖書から取られた言葉（一一〇頁参照）で、「不自然」または「異常」とされる性交の様々な形、特に、肛門性交と獣姦《じゅうかん》を指します。時には、正常位で行なわれる異性同士の性行為以外すべてを指すほど拡大解釈されたこともあります。近代以降は、医学が、同性愛を治療の対象とすることで、異常なものという偏見《へんけん》が強化されます。

その結果、「同性愛」は長い間、「同性を愛し、同性に性欲を感ずる異常性欲の一種」（第三版までの『広辞苑』）などと辞事典に書かれ、それを読んだ若いレズビアン／ゲイが自己否定感を持ってしまう時代が続きました。同性愛者の団体『動

ソドミー法
二〇〇三年三月現在、アメリカでも一三州に「ソドミー法」がまだ存在しており、禁固刑や最大終身刑を課す州もあります。連邦最高裁でその合憲性が争われている最中です。

くゲイとレズビアンの会（NPO法人アカー）』の粘《ねば》り強い交渉《こうしょう》で、『広辞苑』の文章が「同性の者を性的愛情の対象とすること。また、その関係」に変わったのは、やっと一九九一年発行の第四版からです（古い版を見て落ち込む同性愛者もまだまだいます）。文部科学省もごく最近まで、生徒指導の手引書の「性非行」に同性愛を含めていました。

医学に対する働きかけも、一九七〇年代以降、欧米のレズビアン／ゲイ団体によって取り組まれ、医学者たちの協力も得て、一九七三年のアメリカ精神医学会をかわきりに（日本は正式には一九九五年）、同性愛は治療の対象からはずされていきます。その過程で「性的指向（Sexual Orientation）」と言う用語も定着しました。一九九三年には、WHO（世界保健機関）が作成している病気の分類コード「国際《こくさい》疾病分類《しっぺいぶんるい》」（ICD）の第一〇版でも同様の趣旨《しゅし》が明記されました。今まで行なわれた同性愛者に対する「治療」（電気ショックなど野蛮《やばん》な方法も用いられた）に関しては、その効果は全くなく、あったように見えてもそれは治療対象にされたものがそこから逃れるために「治った」「演技」をしていたという実態が明らかにされています。

現在では、文化人類学や動物学の研究も進み、同性愛（的な行為）が受け入れられている文化がかなりあることが示されたり、ボノボやゴリラなど類人猿《るいじんえん》の一部

ボノボ
知能が高く、多様な性行動でコミュニケーションを取り、暴力を回避し決して同種を殺し合うことのない平和で穏やかな類人猿。アフリカのコンゴ民主共和国に棲息。俗称ピグミーチンパンジー。

も同性同士で快楽・ふれあいのコミュニケーションをしていることが証明されたりしています。

以上に関連して「同性愛がはやったり（同性愛者が増えたり）すると、人類が滅びてしまう」という説が手を変え品を変え唱えられます。「少子化を加速させる同性愛はけしからん」という言い方になったりもします。少子化がなぜいけないのか、という政治的な側面を問うまでもなく、同性愛が人間の性的指向のグラデーションであることを理解すれば、急激な増減や流行など決して起こりえないという事実を述べるだけで事足りるでしょう。同性愛者が増えているように見えるとしたら、差別と偏見のために隠れて生きることを強いられてきたレズビアン／ゲイが、社会に「見える存在」になりつつあるだけです。

まずレズビアン／ゲイが生身《なまみ》の人間として「存在」している、という事実から発想していってほしいものです。近年は、ディベートのちょうどいい素材だからと、「同性愛はいいか悪いか」などを討論させる学校が時々見受けられます。当事者（特にその場にいた時の抑圧は大変なものでしょう）へ思いを致す想像力が求められます。否定的な結論が出たら、私たちに消えろと言っているに等しいのですから。

〈伊藤　悟〉

ディベート

単語の意味としては、（論点を定めて、しばしば第三者によって判定を受けるような）公的な論争・議論ですが、主に、論理的な論争の訓練として、学校などで行なわれる「教育ディベート」のことを指します。あらかじめ設定された論題に対して、自分自身の意見とは別に、肯定側・否定側に分かれ、一定の形式に乗っ取って議論をし、何らかの判定（勝ち負け）を受けるものです。

Q 5 同性愛の人たちのことは何と呼べばよいのですか?

「レズ」「ホモ」「ゲイ」「オカマ」とか同性愛の人はいろいろな呼ばれ方をしていますけど、それぞれ意味が違うんですか? どう呼べばいいのですか?

「同性愛」は辞書に載《の》っており、どんなワープロでも「どうせいあい」をきちんと変換《へんかん》できます。ところが「異性愛」は辞書に載っておらず、「いせいあい」を変換できないワープロソフトも少なくありません。社会から「少数派」「異端《いたん》」と見なされる人には名前が付けられ、勝手にさまざまなレッテルが貼られ、歪《ゆが》んだイメージが形成されていくことを象徴しています。異性愛の人に「あなたは異性愛者ですよね」というとキョトンとして、言われていることの意味を解せない人にもよく出会います。

同性を恋愛・性欲の対象にする人たちに対しても、歴史的・地理的にさまざまな呼ばれ方がされてきました。したがって、同性を好きになることを自覚した人が、自分を理解し認識していく過程で、まず社会が貼ったレッテルで自己認識せざるを得ません。現代の日本で言えば、メディアがためらいなく使っている「ホモ」「レズ」「オカマ」などがそれに当たるでしょう。

しかし、これらの言葉は、特に、ワイドショー・バラエティ・お笑い系のテレビ番組及び週刊誌・スポーツ新聞等では、タレントの「ホモ（レズ）疑惑《ぎわく》」とか「えーオカマなんだ?・」といった軽蔑的《けいべつてき》な文脈で使われて、安易に笑いをとる材料にされています。

言葉の定義をネタにした漫才《まんざい》を例にとると、相撲《すもう》取りについて、「強いデブ」「デブは失礼じゃないですか?・」「フンドシにチョンマゲという、まるでコントのような格好で男同士肉体と肉体をぶつけ合うという気持ちの悪いスポーツをする人のこと」「気持ち悪いって、日本の国技ですから～」「同義語」「同じ意味ですか?・」「ホモ」（ここで会場にどっと笑いが起こる）というやりとりがされています。

こうした言葉が出てきたら「笑っていい」という合意が送り手と受け手の間に見事に成立しているわけです。幼稚園の子どもでさえ、誰かをからかい嘲笑《ちょうしょう》するときの言葉として使っているほど浸透《しんとう》しています。絶えず、こうした言葉でからかわれて心に傷を負う人が再生産されているのです。

ですから、より広範囲の人々が自分の性のありようを受容していくためには、肯定的《こうていてき》な呼び名は不可欠になります。Q1で述べた通り、同性を恋愛・性欲の対象にする人たちは、自分で自分たちをどう呼ぶかを決めることから社会に自分た

日本における「ゲイ」

日本では、そうした動きが始まる前に「ゲイ」「レズビアン」という言葉が先行して「輸入」されたために、初期に「ゲイ」も否定的な文脈で使われた時期がありました。

ちの存在を受け入れさせる動きを開始しました。その中で「ゲイ」「レズビアン」という言葉が自称として使われるようになっていったのです。「ゲイ」「レズビアン」という言葉があるのに、人を傷つける可能性が大きい「ホモ」「レズ」「オカマ」をわざわざ使うならば、意図的で否定的なニュアンスが入る、と思われても仕方ありません。多数派である異性愛者、特にメディアが表現するときには十分な配慮《はいりょ》が必要だということになります。「ゲイ」「レズビアン」を使って下さい。

時として当事者でも「私はブスよ」「俺はデブだ」のような形で、自分を否定してきた「ホモ」「レズ」「オカマ」といった言葉で自分を認識しようとする人もいます。しかし、トラウマの原因を以てトラウマをいやすのは不可能です。開き直り、強がって傷と向き合わないで済まそうとする便法《べんぽう》にすぎません。それに、相手が開き直って同じ言葉をより強く使って反撃してきたら、トラウマは増すだけで、憎悪のキャッチボールになってしまいます。

とりわけ、今まさにそうした言葉で傷ついている当事者に向かって安全な場所から開き直れとあおるのはナンセンスです。開き直りのみで自己肯定できるはずがありません。それどころか、開き直って「強く」なれないと、自分が悪いことになってしまいますから、自分を責めるしかなくなり、周囲や社会の責任を問わない「自助努力主義」に陥《おちい》ることになります。

クイア

欧米では、「ゲイ」「レズビアン」という言葉が定着し、運動の成果としてメディアも同性愛（者）に対して差別的な言葉を使用しなくなった後に、トランスジェンダーの人たち等を含めたセクシュアル・マイノリティを総称する言葉として「クイア」（差別語としては死語になりつつあった）を使い、連帯していこうという動きが現われました。この動きは、性に関連する少数派に対する差別がなくなった社会（例えば異性愛／同性愛という区分をしなくても各個人の性的指向が全的に肯定される）を見据えて、共生のイメージを作る「クイア理論」にまで発展していきます。しかし、これを日本で活用する段階にはなっていません。差別を解消する動きを妨げないという「クイア」を使う前提の実現が困難だからです。現在の日本で、「みんなクイアだ」と主張しても、異性愛を強制する力が強い社会の中では、異性愛＞同性愛という力関係を見えなくす言葉は、文脈や相手との関係によってその意味を変えます。それゆえ、言葉にこだわると、すぐ「言葉狩り」だという人が現われます。しかし話は逆で、だからこそ言葉の持つ力を過小評価できないと考えるのが筋です。セクシュアル・ハラスメントの判定基準は、相手が不快に思うかどうかです。同様に、「ホモ」「レズ」「オカマ」と言われていじめまで受けている人が、事実として存在し続けていることを出発点にしなければなりません（特に自己の確立に葛藤《かっとう》する子どもたちにとっては大きなハードルとして立ちふさがります）。より人に優しい言葉を使い、人に不快感を与える言葉は、フェイドアウトさせていくのが「共生」時代のマナーです。

なお、「オカマ」は、ゲイ男性ばかりではなく、「男らしく」ない男性一般に対する蔑称として広く使われています。これは、「男らしさ」（ジェンダー）の中に「異性を愛すること」という条項も強力に入っており、異性愛であることを強制する力が巨大であることをも意味しています。

〈伊藤　悟〉

る働きしかしません。ましてや、まだ軽蔑的に使われることが圧倒的である「オカマ」を「クイア」に置き換えることはできません。

オカマ

「オカマ」の語源には諸説ありますが、「カマ」が「尻」の古語であることから、まず肛門性交をする者の呼称として使われ始め、それに軽蔑的な響きが加わっていき、男性性から逸脱する者に貼られるレッテルとなったという説が有力です。

プロブレムQ&A

II

聞きたいけど聞けなかった素朴な疑問集

Q6 同性愛者はどんなふうに恋愛をするのですか？

同性同士の恋愛って、よくわからないけど特殊な形とか方法があるんですか？「男役」「女役」があるって聞いたこともありますけれど……。

同性愛者だからといって、何か特別な恋愛のかたちがあるわけではありません。異性愛者と同じように、カップルの存在する数だけ恋愛のスタイルもあるのです。

現在でもそうですが、今まで自分以外の同性愛者に出会ったことがない、ましてや同性同士のカップルになどお目にかかったこともない、という状況にいる同性愛者は実はまだまだ多いのです。また、男女間の恋愛の形態を真似することが、同性愛者のカップル間で見受けられることがよくあります。まるでそれが〝正しい恋愛の形〟であるかのように。こういったことが同性同士でも男役（タチ）、女役（ネコ、ウケ）といった性役割が生じる一端ともなるのです。

例えば、自分が女性であるという性自認《せいじにん》を疑いも無く持っている女性が、同性に好意を抱きその思いを告白したとします。この時、相手が異性愛者だった場合には様々なリアクションが考えられるのですが、幸い自分の気持ちを受けとめてもらい、付き合いができるようになった時、ついつい男性のように振る舞ってしまうようなことが見受けられるのです。それは相手が異性と付き合うことが当然と捉えている異性愛者の女性であるなら、自分が男性のような振る舞いをすれば、うまく付き合っていけると考え、相手からもそれを望まれたり期待されたりすることがよくあるからです。そして二人の関係性の中でのあらゆる場面で、主導権を持とうとするなど、〝男役〟としての性役割を演じることに何の疑問も持たずにいたりもします。

また残念なことに、二人に破局《はきょく》が訪れた時には「あなたが男性だったら良かったのに……」などと告げられることがあります。同性同士で付き合う難しさや、性的指向の違うもの同士が向き合う歯がゆさに直面した経験のある同性愛者は、かなり多いのではないでしょうか。そしてこういったケースに遭遇《そうぐう》すると、同性愛と性同一性障害を混同してしまう要因にもなりやすくなります。女性（男性）が好きな自分は男性（女性）になりたいのだろうか？　男性（女性）として女性（男性）と付き合いたいのか？　などと自問自答し混乱する場合があるからです。性自認と性指向、それぞれを自己決定していくことは、このようなことからも明

レズビアン向けの書籍

テラ出版『anise』（アニース／レズビアン＆バイセクシュアル・マイノリティのための雑誌）

http://www.terra-publications.co.jp/anise/ani.html

現在四号まで刊行。毎号にカップルの紹介などがあります。

確に打ち出すことが難しい面があります。明確な人もいれば、曖昧《あいまい》な部分を残したい人、あえて決めたくない人、わからない人と様々なのです。

同性愛者同士の性役割については、セックス時においてのみ生じる場合や、他の状況時でも性役割を望む人と様々あるようです。セックス時には能動的な男役（タチ）、受動的な女役（ネコ、ウケ）、どちらの役割も楽しめるリバ（リバーシブル、リバース）、相手によってその立場が変わる、というケースもあります。相手と付き合う際には、こういった役割を重要視する人もいます。かたや同性同士の関係性において、何らかの性役割にこだわることはナンセンスと考える人も多く見られます。また、性役割はともすれば男女の力関係を現わすことにつながるのではないか、といった見方をする同性愛者も存在します。

同性愛者が自分の恋愛や恋人との関わりについて語るとき、当事者同士の間では思いの丈を自由に話すこともできますが、家庭や職場や学校などでは、真の姿を語るのは非常に困難です。会話する中でやむをえず、自分の恋人が異性であるかのように語った苦々しい経験を持っている同性愛者は相当多いですし、プライベートな話題は極力避けるようにしているという話もよく聞かれます。世間には同性愛嫌悪（ホモフォビア）を持っている人たちも存在します。自分の周りにいる人たちが、同性愛について偏見なく接することの出来る人なのかどうかを見極めてから語りたいと思っても、そこまで話しを持って行くことさえ非常に勇気のいることです。愛する恋人や大切なパートナーのことを、全く別な人間のようにしか語れない辛さ、そのストレスはとても重いものです。

異性愛者でも同性愛者であっても、恋人やパートナーに向ける思い、優しい眼差しは同じです。街でデートをしている時になんとなく手を繋《つな》ぎたくなったり、寄り添って体温を身近に感じたいと思うことも変わりないのです。違うとすれば、同性同士のカップルは周りの目を気にするあまり、異性愛者よりはそういった気持ちを押さえてしまいがちなことではないでしょうか。「そんなことを気にしないで手でも何でも繋げばいいじゃないか」と言う異性愛者もいますが、それほど簡単にはいかない事情があることを少しでも解ってもらいたいものです。日常の生活の中では抑圧《よくあつ》されることも多々あります。新宿二丁目をはじめとする同性愛者の集まる街や同性愛者のコミュニティでは、自分らしくのびのびと過ごしているゲイやレズビアンが見受けられます。けれども、限られた世界の中だけでなく、もっともっと自由にのびのびと、恋愛だって謳歌《おうか》したいのです。

〈大江千束・小川葉子〉

Q 7 いつからレズビアンやゲイに「なった」のですか？

異性を好きになれないなんて、幼いころに異性と嫌なことがあったとか、きっかけがあるんじゃないんですか？　いつから同性を好きになったんですか？

男性が女性を好きになる、女性は男性に引かれる、そういった異性愛が当たり前とされているような社会において「あなたはいつから異性愛者に〝なった〟のですか？」と問われた場合、一体どれほどの異性愛者の人たちが明確に回答できるでしょうか。

実際にこの質問を向けてみると、「いつからと言っても……そんなこと考えたこともなかったからよくわからない」とか「だってそれ（異性愛）が普通でしょう」といった曖昧《あいまい》な答えが男女を問わず、大方の異性愛者の人たちから返ってきます。むしろなぜそのような、わけのわからない〝無意味な質問〟をされるのか、当惑気味《とうわくぎみ》の様子さえうかがえます。

同性愛者も同様で、「いつから」ゲイやレズビアンに「なった」などとは、それほど意識していなかったり明確ではないことも多いようです。ふと気付くと、子どものときから好きになるのは同性ばかりだったという人もいますが、もちろん個人差もあるでしょう。ただ、ゲイやレズビアンの当事者たちから割合とよく聞かれる経験談としては、身体も心も成熟してくる思春期を迎え、異性ではなく同性に対してはっきりとした恋愛感情や性的な興味・関心を抱いている事実を自覚するようになって、自分はもしかすると同性愛者なのではないかと感じ、同性に強く引かれる感情に戸惑《とまど》ってしまった、ということがあります。このように、自分のセクシュアル・オリエンテーションについてより強く意識していく時期が、ひとつの通過点や節目《ふしめ》であるとはいえるでしょう。私たちの社会では、ヘテロセクシュアル（異性愛者）の人たちは自分自身が異性愛者であるということなど、ことさらに意識しなくとも済んでしまいます。なぜならば〝人間は異性愛であって当然である〟と、まず世間が、そして自分や友人さらには両親を始めとして周囲の人々が何の疑問も無く受け入れている現状があるからです。そのため、異性愛者は同性愛者よりもセクシュアリティについての迷いや悩みが少ないように思われます。

一方、同性愛者であるゲイやレズビアンは、自分が同性である誰かに対して恋愛感情を抱いているなどとは、そうそう気軽には話すことができません。同性愛

同性愛者の声
『同性愛がわかる本』（六三頁参照）、『多様な「性」がわかる本』（伊藤悟・虎井まさ衛＝編著／高文研）の中には等身大の当事者の〝声〟であるライフヒストリーが書かれています。

セクシュアル・オリエンテーション
性的指向のこと。（Q2参照）

者だと表明している人が自分の身近にいたり、同性愛者が多く集まる場にいる時でもない限り、かなり難しいものがあります。それは性愛というものが何か秘め事のように扱われがちで、あまりオープンには語られない、語られにくいためかもしれませんが、特に〝同性愛〟などということを不用意に話題に上げたりすると、自分もその同性愛者であると思われ、他人（異性愛者）から偏見を持たれたり、蔑みやからかいの対象にされがちになる現状であることが大きな要因のひとつになっています。思い切って同性愛者であることをカミングアウト（Q24参照）をしてみたものの、それまで円滑《えんかつ》であった周囲との関係がぎくしゃくしてしまったり、あるいは無視されるようになる、疎遠《そえん》になってしまった、などという話しは、とてもよく聞かれます。

異性愛者がほとんど意識することなく異性に対して恋愛感情や性的な関心を向けるように、同性愛者も人間としての成長過程の中で、その当人にとってはごく自然に、ごく当たり前のように同性に対して同じ感情や関心を持つようになっていくのです。何か特別の理由や出来事があって、ある時点から急に〝同性愛者になった〟というわけではないのです。妊娠中の母親にストレスがかかってしまうと同性愛の子どもが産まれるというのも、あくまでも〝一説〟でしかなく信憑性《しんぴょうせい》に乏しいものです。幼い頃受けた両親からの愛情が乏しく家庭環境も悪かったから、特に女性の場合はレイプなどの被害によって男性を受け入れられなくなった結果、レズビアンに「なってしまった」のではないのか、などと心無い推測でレズビアンの当事者たちの気持ちを傷つけるような発言をする一部の人たちもいますが、全くの事実無根です。また単純に、女性嫌いの男性がゲイになる、男性嫌いの女性がレズビアンになるということでもありませんし、男性（女性）恐怖症のようなものから同性愛者になったいうことでもありません。

「どうして同性愛者になるのか？」「いつから同性愛者になったのか？」また逆に「なぜ異性愛者になるのか？」については現在でも解明されてはいませんし、いくら究明《きゅうめい》してもこれから先も答えの出ない疑問なのかもしれません。むしろ異性愛者であっても同性愛者であっても、生活しやすい開かれた社会を作るにはどうしたらよいかということを、もっとよく考えていくことのほうが異性愛者にとっても同性愛者にとっても、より重要で目を向けていくべき問題なのではないでしょうか。

〈大江千束・小川葉子〉

Q 8 異性に魅かれないなんてもったいないとは思わないんですか？

カッコいいゲイやすてきなレズビアンの人を見かけると、もったいないと思います。だって、異性にもてた方が、幸せでいいんじゃないですか？

さて、これはどう答えましょうか？

もし、あなたが異性愛者だったらこうお答えしましょう。

「同性に魅《ひ》かれないなんてもったいないとは思わないんですか？」と。

ほとんどの異性愛のみなさんはキョトンとしたのではないでしょうか。

そして、多くの同性愛のみなさんは「ウンウン」とうなずいてくれたのではないでしょうか。

恐らく、この質問をした異性愛者の方は、「異性を好きになってこんなに幸せだし、人生充実している。なのに、なんでよりによって同性なんかを好きになったんだ？」と不思議《ふしぎ》で仕方なかったのでしょう。

しかし、私たち同性愛者にも「同性を好きになってこんなに幸せだし、人生充実してる」人もたくさんいるのです。どちらの性を愛するかによって決まる絶対的な幸せや不幸はないのではないでしょうか。

もちろん、現在の日本では、残念ながら同性愛者として生きるのはしんどい部分もあります。しかし、「同性愛者に生まれてよかった」「同性を愛してよかった」と思う瞬間《しゅんかん》がたくさんあるのも事実です。

例えば、インターネットが普及《ふきゅう》したおかげで、年齢差にとらわれることなく友だちや恋人を全国、あるいは全世界から得ることができるようになりました。お隣、韓国に恋人がいる、といった話もめずらしくありません。また、世界各地にあるゲイ・レズビアンタウンを訪れれば、知らない者同士でも、「同性愛者」という共通項によって、すぐに意気投合《いきとうごう》することもあります。

同性同士のパートナーシップに関して言えば、男はこうあるべき、女はこうあるべき、という既存《きそん》の役割分担にとらわれない分、お互いが話し合った上で、自分の得意分野を活かして共同生活ができることもあります。お互い料理が得意なカップルは、日代わりで食事をつくったりすることもあるようです。このように「同性を愛してみればいいのに」と思うことはたくさんあるのです。

また、もしかしたら「異性に魅かれないなんてもったいない」という質問の裏側には次のような気持ちも隠れているのかもしれません。

つまり、結婚制度をはじめとして、同性カップルと異性カップルを比べた場合、

世界各地で開催されるパレード
毎年、世界各地ではレズビアン・ゲイパレードが行なわれます。写真は二〇〇二年十一月タイ、バンコクで行なわれたパレードのパンフレット。

残念ながら現在の日本では異性カップルの方が様々な場面で得をすることが多いのも事実です。パートナーが入院した場合、病院で面会することすら、大変な苦労をすることがあります。ですから、「異性愛の方がラクだし得なのに」という気持ちです。あるいは、異性愛が当たり前で絶対の社会では、異性愛の価値が上で同性愛を一段低く見ているから、こうした質問が出るのかもしれません。

いずれにしても、異性を愛する、同性を愛する、というのは自分の意思で変えることはできない、可変性の低いものです。もちろん同性も異性も愛するバイセクシュアルの人もいます。このように、どちらの性に自分の性的意識が向くかを「性的指向」と言います。この性的指向は、一人の人間のなかにグラデーションで存在していると説明することができます。わかりやすく大雑把《おおざっぱ》にいえば、パーセンテージで存在しているのです。

ある人は同性指向九〇%異性指向一〇%、ある人は同性指向五〇%異性指向五〇%、またある人は同性指向一〇%異性指向九〇%、というふうにです。この組み合わせが無数にあると考えればわかりやすいでしょうか。

どちらの性的指向が価値が高い、ということはありません。どちらも人間の多様な性のあり方の一部なのです。しかし、現在の世の中は、これら三人の人に「異性愛でいろ!」と強制している社会であると言えるのではないでしょうか。

病院での面会権

入院したパートナーと面会できる権利は、最も身近な問題のうちの一つです。例えば、面会謝絶になった場合、入院している本人がパートナーとの面会を希望しても「親族」以外は面会できないといったことが実際に起こっています。

また、病状を説明するため診察室に同席する場合、結婚した異性カップルであれば何の問題もないのに対し、同性カップルだと大変な苦労を強いられるばかりでなく、入室そのものを拒否されることもあります。

本来、多様であるはずの性のあり方を「異性愛」という一つの型に押しこめて強制しているのです。とてもつまらないことだとは思いませんか。

たとえ、同性指向が一〇％しかない人であっても、同性に恋をしたのであれば、その恋愛をおもいっきり楽しめる、そんな社会の方が誰にとっても住みやすい社会だと言えるのだと思います。

自分の思う心地よい関係を安心して続けられる社会、そして結婚をはじめとするパートナーシップを保障する法律や、住宅、病院での面会権、相続など、同性愛者にも異性愛者と同等の権利が認められる社会が来れば、「異性に魅かれないなんてもったいない」なんて質問する人もいなくなるでしょう。

〈石川大我〉

Q 9 同性愛者の人たちは、どうやって知り合うのですか？

同性愛の人たちって、パッと見てわからないのですけれど、どうやって知りあっているのか不思議です。何かオーラでわかったりするのでしょうか？

人間は異性愛者であって当たり前とされている社会において、異性愛者の男女が何らかの縁で知り合い、その二人がお互いに好意を抱いた場合、友人や恋人として付き合っていくことは、ごく自然なプロセスです。また、男女間に限定しなくとも、異性愛者である男性同士あるいは女性同士は、相手の性的指向を特に気にすることもなく、友人になっていくことのほうが多いでしょうし、そのように〝異性愛者として〟お互いが出会ったり、知り合う機会は日常的に存在していると言えます。

では同性愛者の場合はどうでしょうか。学校や地域社会、仕事関係など、あらゆる日常生活の中でたくさんの人たちと出会っているという事実は、異性愛者と全く同様です。ただし、知り合った相手が自分と同じ同性愛者であるかどうかについては、わからないでいることのほうが圧倒的に多いものなのです。それは普段の生活上で誰かと知り合った時、自分や相手のセクシュアリティに関して話しが及ぶのは、非常に希《まれ》なことであるからです。人を介して誰かを紹介された時でも、挨拶《あいさつ》したり、お互いに名乗り合ったりすることは普通に行なわれても自己紹介の一貫として、自らのセクシュアリティについてまではなかなか語られにくいものです。なぜならばセクシュアリティは極めて個人的な要素のひとつでもありますし、わざわざそのことに言及しなくとも日常において、とりあえずは相手との〝付き合い〟ができるからです。また最初から、「私はゲイ（レズビアン）です」と表明することは、もしも仮に知り合った相手が同性愛に対して偏見があったりホモフォビックな場合には、その後に想定されるリスクが非常に大きいと考えられるために避けられがちです。また、単に〝数〟の面から考えたとしても、異性愛者と比べて少数派とされている同性愛者がそう頻繁《ひんぱん》に日常生活の中で出会うことは、かなり難しいと思われます。

一方、実際にはこんな話しもあります。あるスポーツのサークル活動に参加して知り合ったAさんとBさん（共に女性）は次第に意気投合して友人となったのですが、付き合いが長くなりいろいろな話しをするうちに、AさんはBさんが、もしかしたらレズビアンか、もしくはバイセクシュアルなのではないだろうかと強

ホモフォビック
　同性愛嫌悪という意味。Q21を参照。

く感じ始めたのです。このAさん自身はレズビアンなのですが、自分がレズビアンであることを思い切ってBさんにカミングアウトするとともに、Bさんのセクシュアリティについても尋《たず》ねてみることにしたのです。もしそのことでBさんとの仲が壊れ、気まずくなって顔を合わせにくくなったとしても、それはそれで仕方がない、居心地がよいけれど、別にこのサークルだけがすべてというわけでもないのだから不都合があったら、その時は去ればいい。そう考えたAさんは、後日行なわれた飲み会の席で周囲の騒ぎに紛《まぎ》れるようにして、自分はレズビアンで恋人として付き合っている彼女がいることを切り出しました。するとBさんは、「ああ、そうなんだ。私はバイなの。でも今は彼氏も彼女もいないんだけどね（笑）」と、Aさんの事前の気負いとは裏腹に、実にあっさりと答えたそうです。この二人は現在もサークル仲間として、友人として親しく付き合っていますし、特にお互いのセクシュアリティがわかってからは、異性愛者の友人にはちょっと話しにくい内容も安心して相談し合える間柄になれたそうです。

　このケースのように、どちらかが自らのセクシュアリティを明らかにしたり、お互いに確認でもし合わない限り、知り合った相手がゲイやレズビアンであるかどうかについては、わかりにくいことがほとんどなのです。たとえ日常において同性愛者同士が偶然《ぐうぜん》に〝出会って〟いたとしても。

「バイ」
バイセクシュアルの略。両性愛者のこと。

東京国際レズビアン＆ゲイ映画祭のパンフレット

それでは同性愛者たちが自分と同じ同性愛者たちと比較的容易に出会うことができるのは、どのような機会や場所なのでしょうか。まずはこの数年の顕著《けんちょ》な出来事として、インターネット上での〃出会い系サイト〃や〃ゲイやレズビアンの関連サイト〃が非常な勢いで増加していることが上げられます。パソコンの普及に伴い、性別や年代を問わず多くの人たちがこのようなサイトに気軽にアクセスできるので、当事者同士が知り合う機会となります。また、同性愛者のためのコミュニティやイベントには、たくさんのゲイやレズビアンが集《つど》いますので、情報交換や交流の場となっています。当事者向けに発行されている雑誌にも様々な情報が掲載されていますし、飲食関係としては「新宿二丁目」を始め、全国各地に点在するゲイバーやレズビアンバーがあります。最近では、大学における同性愛者のサークル活動も活発に行なわれています。あるいはごく個人的に、同性愛者である友人の紹介で知り合うこともあります。日常ではなかなか知り合うことの少ない同性愛者も、こういった機会を通して出会い、交流が始まり、そこから様々なネットワークがさらに広がっていくのです。

〈大江千束・小川葉子〉

東京レズビアン&ゲイパレード二〇〇二の公式ガイドブック

Q10 ゲイの人たちは次々に相手を変えるって本当ですか？

テレビのワイドショーや週刊誌とかを見ていると、ゲイの人たちって、すぐセックスをしてしまうみたいですけど、本当ですか？　危険じゃないんですか？

あなたの「セックス観」をまず問い直そう

異性愛の人たちはどうなのか、から考えてみましょう。ことの是非は別として、ほとんどの人が、複数の人とセックスを経験しています。「不倫」「浮気」がワイドショーや週刊誌の格好《かっこう》のネタになるのは、結婚した後も、結婚相手以外と恋愛・セックスをする人が少なくないことの反映です。初めて出会ってすぐセックスをする人もいます。

お互いに合意し、そこから生じる事態に対してお互いに責任をもてる性的自己決定能力がある、という条件さえあれば、ある人が、誰と・いつ・どこで・どのようにセックスをしようと、それは個人の自由な選択であるはずです。また、「選択」ですから、誰かれかまわずセックスをする人もごくわずかです。

こうした意味において、同性愛の人たちも同様に、セックスに関して多様な選択をしており、異性愛の人と何ら変わることはありません。

精神的な同性愛は認めるが、肉体的な同性愛は許せない!?

では、なぜ同性愛の人だけ、すぐセックスをしたがると思われるのでしょうか？　実際、同性が好きだということを異性愛の人に話すと、「オレを襲うなよ」「あたしに迫らないでね」と反応する人にしばしば出会います。

ひとつは、Ｑ４で述べた通り、同性愛＝異常なもの、という決めつけがあるために、どのような場面でも異性愛と異なる（異なるのは対象と置かれている社会的状況だけです）ことを強調しようという力学が働くからです。

また、同性愛＝セックスの趣味のひとつ、と思っている人にとっては、恋愛と性欲の両面が混ざりあった異性愛と同じだとは考えられず、同性愛から直ちにセックスを連想してしまうのです。これは、「精神的な同性愛は認めるが、肉体的な同性愛は許せない」という発想にもつながってきます。この見方に隠されているのは、精神的な愛を肉体的な愛と連続するもの（あるいは混然一体《こんぜんいったい》のもの。いずれにせよ境界線はあいまい）と見ず、精神的な愛を肉体的な愛の上位に置くという考え方です。

この、精神的な愛と肉体的な愛が簡単には切り離せない、という現実が理解されないのは、セックスがよくないことであると広く考えられているからでもあります。生殖の性のみが正しく、それ以外のこと（快楽・ふれあい・癒《いや》し）を性に求めるのはよくないという道徳（それは一部の宗教や権力者の都合によって作られてきました）にしばられているのです。「子ども」を作るだけのためにセックスをしている、と言いきれる人などいないのに、自分のことを棚に上げた偽善《ぎぜん》がまかり通っています。

エイズはゲイの病気なんですか？

こうした、人間の文化を解しない偏見は、エイズが登場したときに、男性同性愛者への激しいバッシングとなって現われました。たまたま、初期にアメリカでエイズを発症した人が男性同性愛者に多かった、というだけで、同性愛＝乱交＝エイズ、という「公式」のようなレッテルが貼られました。エイズ（後天性免疫不全症候群）という病名が確定される前に、グリッド（ゲイ免疫不全症候群）という名称を提唱した医学者がいて、それに決まりかかったという事実もあります。

特にアメリカの医療関係者たちは、国じゅうがパニックになることをおそれて、エイズは同性愛者・ハイチ人・麻薬常用者……に限定された病気だと宣伝しました。これがエイズの予防対策を遅らせたばかりか、宣伝された人たちへの偏見を

エイズ
後天性免疫不全症候群の略で、ウィルスによって体内の免疫機構が次第に破壊されて身体の抵抗力が落ちる病気です。感染してから発症までに長い潜伏期があります。現在では、一定の方法で効果のある薬を飲めば、発症を抑えられますし、寿命を全うできる可能性も大きくなりました。性行為で感染した人を「自業自得」と差別する社会意識がなくなっていないのが残念です。感染経路に関係なく感染者には一定のケアが行なわれるべきです。ウィルスは人を選びません。

拡大させることになりました。エイズは、誰もがかかりうる性感染症であることがわかった今でも、その偏見は残っています。

現在、ＨＩＶ（ヒト免疫不全ウィルス）感染予防に「セイファーセックス」（Ｑ33参照）という言葉が当たり前のように使われていますが、最初に実践的な「セイファーセックス」を考案し実行したのは、アメリカのゲイたちでした。自分の友人たちを失い、偏見の嵐にさらされる中でも、より豊かなセックスを求めて、模索《もさく》を続けたのは他ならぬゲイたちだったことは記憶にとどめられるべきです。

人間が百人いれば、百通りの「恋愛」「性」「セックス」があります。ごく狭い領域に「性」を閉じこめて型にはめてしまうことは、人間の生き方・あり方を狭めてしまうことになります。例えば、恋愛からは、自己表現の仕方、他者を知ること──それにより自分を知ること、関係性の作り方、生きるエネルギー……、本当にたくさんのことを学べます。決して「生殖」にとどまらない「性」の多様な役割を活かしていきたいものです。

〈伊藤　悟〉

ＨＩＶ

エイズウイルスとも言われます。感染力は弱く、例えば、空気に触れただけで死んでしまいます。したがって、キスや握手などでは感染しません。直接体液とともに身体の粘膜から（あるいは注射・輸血により）侵入する以外、感染経路はありません。セイファーセックスについてはＱ33を参照して下さい。

プロブレムQ&A

III

同性愛者に出会ったら
どうすればいい？

Q 11 どうして私たちは同性愛者に出会わないのですか？

私は、生まれてから今まで、生活の中でひとりも同性愛者に会ったことがありません。どうしてこんなに出会わないのでしょう？　隠れているのですか？

当たり前ではない「異性愛中心の社会」

私たちが生きている社会は、あらゆる場面において異性愛であることが前提に作られています。ドラマや映画や小説に出てくるのは、男と女の恋愛を描いたものばかりですし、ワイドショーで放映されるのは、芸能人の（もちろん男と女の）結婚や交際の話題ばかりです。

異性愛はさりげない日常会話の隅々にまで入り込んでいます。私たちは人と仲良くなるきっかけとして、恋愛や性的な話題を持ち出します。「彼女・彼氏いるの？」「Hしたの？　どうだった？」などいろいろありますが、それはあくまでも恋愛やセックスの対象が異性であることを前提にしています。

電話の勧誘《かんゆう》も異性愛が前提になっています。「奥様いらっしゃいますか？」とか「ご主人はいますか？」とか、必ずパートナーが異性であることを前提に、セールストークを切り出してきます。私は以前、パートナー（共著者の伊藤悟）と同居をしていたときに、電話で英語の教材の勧誘をしてきた女性に「伊藤様ですか。奥様いらっしゃいますか？」と聞かれたことがありました。いつもなら、適当にあしらうのですが、その日はちょっといたずら心が働いて、「私が伊藤のパートナーですが」と言ってみました。すると電話の向こうの相手は、一瞬絶句《ぜっく》したあとに「もうしわけございません。あちらの方向けの教材はご用意しておりませんので……」と意味不明なことを口走って、そそくさと電話を切ってしまいました。

日本では、「男と女」が「結婚」して「子ども」を産んで幸せな家庭を築く、といったワンパターンな家族のイメージしかなく、市場に出回っているあらゆる商品も、その販売戦略も、そういった家族像を前提にして企画されているんですね。だから、その範疇《はんちゅう》に入りきらない「家族」に出くわすと、とたんに対応不能になるのだ、ということがわかりました。

「異性愛中心の社会」と言われても、ほとんどの人にとっては、異性愛であることがあまりにも当たり前すぎて、ピンと来ないかもしれません。しかし、実はそれは当たり前ではないのです。Ｑ１にも出てきましたが、「同性愛」「異性愛」という考え方ができたのは、せいぜいこの一三〇年くらいのもので、なおかつ

「異性愛」は「同性愛」を「異常」という枠の中に押し込めることで成り立ってきました。
私たちの世界観は、私たちが生きている社会によって作られていきます。いまだに多くの人が当たり前だと思っている「異性愛こそ自然」という考え方も、実は何の根拠《こんきょ》もないのです。今こそ、自分の中にある「当たり前」を疑ってみましょう。

私は今まで同性愛者に出会ったことがありません。本当にいるのでしょうか。

さて、そんな「異性愛中心」の社会の中で生きていると、当事者以外の人たちは「もしかしたら隣に座っている人が同性愛者かもしれない」という想像をめぐらすことができません。実はあちこちで同性愛者とすれちがっているのに、ただ気がつかないだけなのです。私たちが生きている社会は、同性愛者がカミングアウトしないかぎりは、同性愛者の姿が見えない仕組みになっています。
例えば、日曜日の都会の雑踏《ざっとう》を想像してみてください。実にたくさんの人が歩いていますね。その中にゲイは何人いますか？　レズビアンは何人いるかわかりますか？　男と女のカップルが楽しそうに話をしていますが、もしかしたら彼らはゲイとレズビアンの友人同士かもしれませんよ。

誰が同性愛者なのかは、背中に「私はゲイです」とか「私はレズビアンです」という張り紙でもしないかぎり、わかりません。本当はすぐ側に同性愛者がいるかもしれないのに、私たちが生きている社会では、一つの性的指向（異性指向）しか許されず、人はみな異性愛者ということにされてしまうのです。また、異性愛主義の洗礼《せんれい》を受けながら育った私たちは、「人はみな異性愛者である」という前提で他者を見るように条件付けられてもいます。

それでも少しずつ世の中は変わってきました。同性愛に関する正確な情報が少しずつ社会に浸透《しんとう》し始め、自分が同性愛者であることを肯定的に受け入れ、日常生活の中でカミングアウトする人が増えてきています。九〇年代に入ってからは、東京や札幌で当事者のパレードが行なわれるようになりました。二〇〇二年九月に行なわれた東京レズビアン＆ゲイパレードでは、二〇〇〇人を越える人々が、自分がレズビアン＆ゲイであることをアピールしながら、昼間の渋谷の街中を歩きました。しかし、それは日本にいる同性愛者のほんの一部の人たちでしかありません。

あなたが一度もゲイやレズビアンに直接出会ったことがなくても、実際にはもっともっとたくさんの同性愛者がいます。

〈簗瀬竜太〉

写真は二〇〇〇年に行なわれた東京レズビアン＆ゲイパレード。二〇〇三年のパレードでは、沿道も含めると、三〇〇〇人以上の当事者＆支援者が集まりました。

コラム①

同性愛者を描いた映画

アメリカには、一九三〇年代前半から六〇年代後半にかけて「ヘイズ・コード」と呼ばれる「映画製作倫理規定」がありました。「ヘイズ・コード」は、当時のアメリカが保守化の色を強める中で、ハリウッド映画界が、教会や市民団体からの「暴力シーン」や「性描写」そして「ハリウッド映画人のスキャンダル」などに対する強い非難と、連邦政府からの公的な検閲を恐れて、自らが映画の表現を自主規制するために作った規定です。しかし、その支配力は絶大で、上映前の脚本の段階から検閲が入るほどの、非常に厳しいものでした。

ちなみに「ヘイズ・コード」では、「暴力」「異人種間のラブシーン」「不倫」「セックス」などと並んで「同性愛」の描写も禁止していました。ですから、この期間に作られたハリウッド映画には、同性愛を正面から描いた作品が全くありません。仮に同性愛者が登場したとしても、それは異常で、汚らわしく、存在してはならないものとして描かれていたのです。

「セルロイド・クローゼット（九五・米）」は、ハリウッドが同性愛をどのように貶《おとし》めてきたのか、そしてハリウッドの同性愛者たちが「検閲」とどのように闘ってきたのか（同性愛者たちは、友情の中に同性愛を描き出そうと試みました）を綴《つづ》ったドキュメンタリー映画です。

アフリカ系アメリカ人の公民権運動、ウーマン・リブ、ゲイ解放運動や、テレビという「新しい」メディアの影響もあり、一九六〇年代後半に「ヘイズ・コード」は、ようやくその幕を閉じることになりました。しかし、「ヘイズ・コード」の影響力は、すぐには消えず、同性愛者が貶められることなく、そのままの同じ人間として表現されるまでには、長い時間が必要でした。

一九八〇年代に入ると、イギリスで「アナザー・カントリー（八三）」「マイ・ビューティフル・ランドレット（八五）」「モーリス（八七）」など、ゲイを描いた秀作が続々と制作・公開されるようになりました。九〇年代以降も、その勢いは衰えを知らず、「司祭（九四）」「ベント—堕ちた饗宴—（九七）」「同級生（九八）」などと続きます。

アメリカでは、一九七八年にサンフランシスコ市の市政執行委員を勤め、アメリカで最初のカミングアウトしたゲイの政治家となった、ハーヴェイ・ミルクが暗殺されるまでの十一カ月間の記録映画「ハーヴェイ・ミルク」が八四年に公開され、同年アカデミー賞最優秀長編記録映画賞を受賞しました。八八年には「トーチソング・トリロジー」が、九〇年代以降では、「ロングタイム・コンパニオン（九〇）」「フィラデルフィア（九三）」などが制作され、日本でも公開されています。

一九九〇年代には、「GO FISH（九四・米）」「ウォーターメロン・ウーマン（九五年米）」「ハイ・アート（九八・米）」など、レズビアンを描いた作品も続々登場します。二〇〇一年には「残夏」という中国初のレズビアンを描いたドキュメンタリー映画が制作され、世界で公開され話題になりました。しかし、まだ根強い同性愛者への弾圧がある中国では、公開数日後に上映禁止になっています。

日本でも、ゲイのカップルと女性との友情を描いた、橋口亮輔監督の「ハッシュ！」が二〇〇二年に公開され、ロングラン・ヒットになりました。橋口監督自身もゲイであり、どこにでもいそうな首都圏で暮らしている等身大のゲイの姿と、ゲイのパートナーシップが、筆者と同じ目線で描かれていて、とても感銘を受けました。

『ハッシュ！』
橋口亮輔監督作品

九〇年代以降は、欧米はもちろんのこと、アジアでも同性愛を描いた映画が制作・上映されるようになりましたが、残念ながら、日本では、そのほんの一部しか公開されていません。

そこで、日本でも、当事者の有志によって一九九二年から「東京国際レズビアン&ゲイ映画祭」が毎年開かれ、数多くの海外のゲイ・レズビアン映画を紹介しています（映画祭のホームページhttp://l-gff.gender.ne.jp/）。

ここで紹介した作品は、世界中で制作されたゲイ・レズビアン映画の、本当にほんの一部でしかありません。中にはDVD化された作品もありますので、ぜひご覧になってみてください。きっとあなたの世界観を揺るがすことでしょう。

〈簗瀬竜太〉

Q12 子どもが同性愛者だってわかったら、親はどうすればいいのですか？

私の子どもの部屋に同性愛者向けの雑誌がありました。子どもが同性愛かと思うと悲しくて、夜も眠れず泣きたくなります。どうしたらいいのでしょう？

まず最初に述べておきたいのは、親の育て方が間違っていたから、子どもが同性愛になったのではない、ということです。親の育て方と子どもの性的指向には、何の関係もありません。子どもが同性愛者であることに関して、親に責任はないのです。子どもの問題を引き受けすぎて、自分を責めるのはやめましょう。

その逆に、子どもを責めてもいけません。子どもが同性愛者であることについて、本人には責任がありません。性的指向は、自分で選び取ることはできないのです。同性愛者の子どもの多くは、いつかはみんなと「同じ」になりたいと願い、何度も異性を好きになろうと試みます。それでも、異性に関心が向かない自分を認めざるを得なくなって、やっとのことで相談に来るのです。ですから、子どもの同性指向を治そうとしても、治りません。それは本人が一番よくわかっているはずです。同性愛はすでに治療の対象から外されていますから、相談にのりアド

PFLAG（ピーフラッグ）

Parents, Families and Friends of Lesbians and Gays（レズビアンとゲイの両親、家族、友人の会）の略。一九八一年に設立され、今では、アメリカで最も信頼され、かつ影響力のある草の根団体のひとつになりました。

アメリカ全土に支部があり、ワシントンＤＣにある本部が作った「BE YOURSELF」（自分らしくあるために）は、悩みのまっただ中にいる思春期の同性愛者（とその家族）が自分（子ども）を受け入れていくための指標となる、すばらしいガイドブックです。

バイスをしてくれる神経科はあっても、治してくれる神経科はありません。

すこたん企画では、当事者や同性愛者の子を持つ親のための電話および体面カウンセリングを行なっています。相談の内容は実に様々ですが、親自身が悩んでいる状態にあると、子どもへの支援を考えるまでには至らないようです。

そういう場合には、子どものカウンセリングをする前に、親のカウンセリングが必要になってきます。自分が同性愛者の子を持つ親になったのだということを受け入れるためにはどうすればいいのかを、一緒に考えてみましょう。焦《あせ》る必要はありません。あなた自身のペースで、受け入れていってください。そのためにはまず、同性愛に関する正確な情報を得て、正確な知識を身につけましょう。「知る」ことがあなたの偏見を取り除き、あなたの心をいくらかでも楽にしてくれるはずですから。

あなたは今、あなたが持っている同性愛者のイメージと、自分の娘や息子を照らし合わせて、混乱しているのかもしれません。そもそも、あなたが持っている同性愛者のイメージは、どうやって作られたのかを考えてみましょう。そのイメージの元となっているのは、テレビですか？　新聞ですか？　雑誌ですか？　メディアが流す情報によって、あなたは同性愛者に対して歪《ゆが》んだイメージを持たさ

この「BE YOURSELF」の日本語訳が「White Ribbon Campagin」というサイトで紹介されています。ぜひ読まれることをお勧めします。

www.wrcjp.org/yourself.html

れているのかもしれません。なぜなら、テレビの番組を構成しているのも、雑誌の記事を編集しているのも、同性愛についてはあまりよく知らない異性愛の男性である場合が多いからです。情報発信者の中に「偏見」があると、自分の持っている偏見どおりの姿に同性愛者を描こうという意識が入ります。そして、それを見た視聴者や読者にも、「同性愛は○○だ」といった同性愛者への偏見が再生産されます。あなたもこれまでは、そんな視聴者《しちょうしゃ》の一人だったわけですから、混乱するのも無理はありません。

しかし、あなたの目の前にいる子どもは、メディアによって描かれた同性愛者ではなく、生身の人間です。あなたと同じように、泣いたり、笑ったり、怒ったり、喜んだり、悩んだりしながら生きているのです。性的指向が同性に向かっているということ以外は、あなたと同じ人間です。しかし、あなたの中に「偏見」というフィルターがあると、子どもを同じ人間として認識することが難しくなってしまいます。なぜなら「偏見」はあなたの中に「恥」や「不安」や「恐れ」といった感情を生み出すからです。それらの感情の元となる「偏見」をそのままにしておくと、子どもの存在を認められなかったり、子どもの同性指向を治そうとしたり、子どもを拒絶《きょぜつ》したりしてしまいます。そして何より、あなたが「同性愛者の子を持つ親」であることを受け入れることが難しくなってしまいます。それ

White Ribbon Campgain

アメリカでは、五時間に一人の割合で思春期の同性愛者が自殺すると推測されています。アメリカの保健社会福祉省の調査（一九八九年）によれば、思春期に自殺した若者の三〇％は同性愛者によるものであり、思春期の同性愛者は、そうでない若者に比べ二、三倍、より自殺を試みやすいと報告されています。

ホワイト・リボン・キャンペーンは、思春期の同性愛者の自殺が相次ぐ事態を広く知らせ、当事者が必要としている情報に、より簡単にアクセスできるようにするために始まりました。

そして日本にも「White Ribbon Campgain」の日本語版サイトがあります。自分を受け入れるための情報に出会えず、悩みを抱えている当事者にとって必要な多くの情報が、日本語に翻訳されています。

http://www.wrcjp.org/

はあなたにとっても、子どもにとっても悲しいことですよね。

　ならばどうすればいいか？　答えはいたってシンプルです。あなたの中にある「偏見」を捨ててしまいましょう。あなたがこれまでメディアから受け取った間違った同性愛の情報は、この際ですからすべて捨てて、頭の中を真っ白にしてみましょう。そして新たに、正確な情報を取り入れていけばいいのです。今では、当事者の団体も全国にありますし（巻末コラム参照）、正確な情報を発信しているレズビアン＆ゲイのサイト（巻末コラム参照）や、書籍も出版されています。

　子どもからカミングアウトを受けたり、何かのきっかけで子どもが同性愛者であることを知った親が、子どもにどんな対応をするのかは、親自身が同性愛者の子を持つ親になったのだということを、どれくらい受け入れられるのかによって決まります。「あの子の将来を考えると心配で」と言いながら、自分の中の「世間」に苦しみ、自分が抱えきれなくなった苦しみを、子どもに肩代わりさせようとしてしまう親もいます。こうなると、親子で責め合うばかりとなり、親も子どもも、解放されることはありません。

　親が悪いわけでも、子どもが悪いわけでもありません。出口が見えず、堂々巡《どうどうめぐ》りになったら、一歩下がって同性愛者を取り巻く世の中の矛盾に目を向けてみましょう。どうかお互いに励まし合えるような関係を創っていってください。〈簗瀬竜太〉

同性愛についての解説本
『同性愛がわかる本』（伊藤悟＝著／明石書店）

Q13 友人から「ゲイ」「レズビアン」だとカミングアウトされました

友人から、唐突に、自分は同性愛なんだと言われました。今までそういう人に会ったことがなかったので戸惑っています。どう接したらいいのでしょうか?

今後どのように接したらよいでしょうか?

友人があなたにカミングアウトをしたということは、たぶんあなたのことを信頼しているからだと思います。

同性愛者の多くは、カミングアウトしたことによって、もしも相手から拒絶されたらどうしよう、という不安を抱えています。不安の度合いは、当事者により様々ですが、それを乗り越えて、本当の自分は何者なのかをあなたに伝えようとしているわけですから、一般的に、どうでもいいと思っている相手には、カミングアウトはしないでしょう。そんな彼・彼女の気持ちに共感してくれたら、こんなにうれしいことはありません。

もしも、あなたが自分にとってすごく大切なことを友人に打ち明けたり相談したとしたら、あなたなら、友人にどんなふうに接してほしいですか? あなたがしてほしいと思うことを、友人にもしてあげましょう。あなたがしてほしくないことは、その友人にとっても、してほしくないことなのではないでしょうか。

もし私が誰かにカミングアウトをしたら、私という人間について、そして私が同性愛者であることについて、誠実な関心を寄せてほしいなと思います。人間にとって一番傷つくのは、関心を持ってほしい相手から拒絶されることかもしれません。

友だちと人間関係を創っていくためには、「わかり合う」という作業が必要です。お互いに相手に無関心で「わかり合う」ことは不可能ですから。

本来人間には、自分も相手も傷つけずに、自分の想いを伝える力があります。それは「自分を信じる力＝相手を信じる力」と言い換えてもいいでしょう。わからないことが出てきたら、率直に相手に質問してみましょう。多少失礼な質問であっても、あなたに悪意がなければ、きっと相手は誠意を持って答えてくれると思いますよ。

そもそも何もかもすべてわかり合うのは不可能なわけですから、完璧《かんぺき》を求めず、むしろ少しずつわかり合っていくプロセスを楽しみながら、お互いの可能性を信じてコミュニケーションを続けていくことが大切です。関係性にゴールはないのですから。

仲がよかった友人から、ゲイなんだって打ち明けられたんですけど、これって俺が気に入られちゃってるのかと心配です。

こうした不安を抱くのは、同性愛者の側の問題ではなく、不安を抱いている異性愛者の側の問題である場合がほとんどです。同性愛というと、すぐにセックスとか性的なイメージを結びつける方が多いのですが、それは偏見です。人は誰しも性的な存在ですし、同性愛者も異性愛者と同じようにセックスもすれば、性的な想像もします。しかし、常にセックスのことだけを考えている異性愛者がいないのと同じように、常にセックスのことだけを考えている同性愛者もいません。

ですから友人からカミングアウトされたからといって、自分に気があるかもしれないと結論づけるのは、ちょっと気が早すぎるかもしれません。そういう可能性が全くないとは言えませんが、あなたに性的な関心を持っていないからこそ、安心してカミングアウトしたのかもしれませんよ。

同性愛者にも人それぞれ好みがありますから、同性なら相手は誰でもいいというわけにはいきません。異性愛者のあなたが、異性なら誰でもいいと思わないのと同じです。もし相手から好きだと言われたら、その時にあなたが断ればよいのではないでしょうか。

オレを襲うなよ

友人や同僚にカミングアウトをしたときに「オレを襲うなよ」「私を襲わないでね」と言われた経験を、かなりの数の同性愛者がしています。それは、社会にある「性」や「セックス」そのものに対する嫌悪と、同性愛者＝常にセックスのことだけを考えている存在、という偏見が、セットになって、同性愛者自身に跳ね返ってくるからです。

自分が信頼していた人に、そういう形で拒絶されると、受けるダメージは、計り知れないものがあります。

異性愛者の私に何かできることはありますか？

相手が助けを求めていないのに「私が助けてあげる」と言って手をさしのべられても、相手にとっては負担になってしまいます。「何をしてあげればいいか」を考える前に、まずは対等な人間としてどうやってつき合っていけばいいのかを、あなた自身で考えてみてください。その上で、何ができるのかを、自分自身に問いかけてみましょう。

あなたが偏見をそぎ落としていったとき、世の中がいかに同性愛に対する偏見に満ちあふれているかがわかるでしょう。「ホモは滅びるべき」とか「レズって気持ち悪いよね」などという発言を耳にしたら、「どうしてそう思うの？　あなたのその言葉で傷つく人もいるんだよ」という感じで、何かひとこと言ってあげてください。

偏見は無知から来るものです。知らないからこそ、そういう発言をしてしまうのでしょう。知らないこと、それ自体に罪はありませんが、知らないがゆえに人を傷つけてしまうことはたくさんありますね。ですから、教えてあげてください。あなたの想いを伝えてあげてください。偏見を持ったその人が、それ以上誰かを傷つけないためにも。そうやって少しずつ偏見をなくしていって、誰もが自分らしく生きることのできる世の中に、一緒にしていきましょう。

〈簗瀬竜太〉

Q14 クラスに「オカマ」「ホモ」「レズ」と言われていじめられている生徒がいます

担任である私は、なんとか注意をしたいと思っています。しかし、どうしたらいいのかわかりません。本人の気持ちも含めて知りたいのですが。

知人の保育士さんによると、勤めている保育園ですでに「オカマ」や「ホモ」という単語は人をバカにする言葉として園児たちの間で使われているそうです。その意味もわからずに使用する、というのですから、いかに大人の影響は大きいかがわかると思います。

小学校や中学校になると、さらに「オカマ」「ホモ」「レズ」などの差別的な言葉が頻繁《ひんぱん》に飛び交うようになります。教員のみなさんに聞いてみると、いじめまでには至らなくても、休み時間にじゃれあう生徒に「ホモ!ホモ!」と他の生徒がヤジをいれたり、仲良くしている生徒を陰で「あの子たち、『レズ』なんじゃない?」と言ってみたりすることはよくあるそうです。

まず、ここで気をつけなければならないのは、ともすると、生徒だけでなく、教員のほうも無意識的にこのような言葉を使っていることが多いということです。

ここで、ゲイの男の子の声を紹介しましょう。大学受験を終えた高校三年生からのメールの抜粋《ばっすい》です。

「自分がゲイだと気付き始めたのは、高校一年生の初恋のとき。それ以来、高校生活を送る中で、教員から同性愛者を否定する言葉をたくさん受けてきたし、つらい場面が少なからずありました。たとえば、僕が友人と廊下を歩いていたとき。後ろから来た当時の担任に『オマエら、まるでホモみたいだな』と言って笑われたこと。そのとき僕は友人を指差して『こっちは違うから』って言って笑うのが精一杯でした」

この他にも、体育の時間、友だちとふざけ合っていたら、「お前ら、『ホモ』か！」と体育の教員から罵声《ばせい》をあびせられた、という話をゲイの中学生から聞いたことがあります。

中学生や高校生のレズビアンやゲイに、自分たちを指す差別的な言葉で罵倒《ばとう》されても、笑ってごまかしたり、必死になって否定する、といった作業を強いる学校はなんと非人間的な空間でしょう。この場合、自分で自分のことを否定しなくてはならないのです。

ほとんどのゲイ、レズビアンの生徒は、先生や親、友だちにも自分が同性愛者

自分で自分を否定しなくてはならない

クラスの仲間うちで同性愛についての否定的な話題が出たとします。当事者である子どもは、その否定的な発言に対して同調せざるを得ません。そうしないと、「オマエも怪しい」と疑われるからです。

自分の存在をみずから否定する発言をすることで、自尊心を深く傷つけられる当事者も多いのです。

であることを伝えていない場合が多いので、たった一人で受けた傷を癒《いや》さなくてはなりません。

「オカマ」「ホモ」「レズ」と周囲から言われていじめられている生徒がたとえ笑っていたとしても、それは自分が同性愛者であることがわからないように、必死に笑ってごまかしているのかもしれません。

子どもたちがこういった差別的な言葉を使わないようにするためにも、まずは自分たちが使っていないか、ということをチェックしてみる必要があります。

なぜなら、このような言葉は日常生活の中に無意識に使われている場合が多いからです。例えば、テレビなどのお笑い番組や、週刊誌などには頻繁に登場しますし、車同士の衝突事故を「オカマを掘る」と表現したりもします。また、パロディーグッズの中にも「オカマ」「ホモ」などの表現を使うものがあります。一〇〇円ショップに「ホモでーす」といったパロディー用の名札が販売されてさえいるのです。

その上でホームルームなどの時間を使って、「このような言葉は人を傷つける言葉だから使って欲しくないな」など適時言うことが大切だと思います。ある人が聞いて不快に思うことは言わない、というのが人間生活を営んでいく上での最低限のルールだと思うからです。

また、使っている子どもたちは、このような言葉を使うことがあまりにも当たり前になってしまっているので、この言葉で傷つく人がいるということを具体的に示せればと思います。

「オカマ」と言われている子どもが当事者かはわかりませんが、「オカマ」という言葉は、「男らしさ」から外れる異性愛の男性をも指してバカにして差別するものです。ですから、同性愛者の人権はもちろん、世の中には色々な人がいて、お互いが認め合いながら生きていこう、という多様性の理念をも否定する意味を含んでいることも伝えられればと思います。

彼が同性愛の当事者だった場合は、言うまでもなく、深く傷ついてしまいます。さらに、彼が当事者でなかった場合でも、統計上、クラスには一人の同性愛者がいる計算になります。ですから、「今度『オカマ』と言われていじめられるのは自分かもしれない」と隣でおびえている子どもがいても不思議ではありません。

当事者がクラスにいる、という意識を持ってお話をする、ということも大きなポイントの一つだと思います。

〈石川大我〉

クラスに一人の同性愛者

同性愛者の数は三〜五%といわれています。つまりクラスに一人いる計算です。いじめの加害者側である子どもたちには、実際、自分の身近なところに同性愛者がいるんだ、ということを伝えることも効果的かもしれません。

もちろん、同時に当事者は差別的な扱いを受け辛い思いをしていること、そしてその差別は決して許されない、ということを伝えることは言うまでもありません。

プロブレムQ&A

Ⅳ

社会的な差別とどう向きあうか

Q15 ゲイで困ることって、何ですか？（生活上の不便・困難）

ゲイの人って、何か生活の上で困ることってあるのでしょうか？　ただ同性が好きってだけで、日常生活には、何ら支障などないように思えるのですが。

孤立している当事者にとって、「自分が自分であること」を隠さざるを得ない状況のなかで生活することは精神的にとても大変なことです。

すべての人は異性愛で当然、といった眼を常に向けられている現在の日本では、自分の愛すべきパートナーと出会ったとしても、生活上、様々な不便・困難が伴います。

例えば、旅行を例に挙げてみましょう。

恋人とのデートや旅行は、異性愛者にとっても同性愛者にとっても、心はずむ楽しいイベントです。

つい先日、駅の旅行センターで見かけたパンフレットに、ＪＲが主催する「カップルプラン」がありました。これはカップルで利用することによって、通常より安い料金で列車を利用できる、というものです。カップルにはありがたいサービスです。「男同士では利用できるのかな」と思い、さっそくパンフレット下にある小さな注意書きをみると、「この商品は男女の利用に限ります」といった主旨の注意書きがありました。注意書きに従うと、たとえば、長年連れ添っている同性同士のカップルと、このプランを利用するために「即席カップル」になった男女がいた場合、このプランが適用されるのは後者の方なのです。何かヘンだとは思いませんか。旅を楽しむカップルのためにこの商品を企画したのであれば、男女関係なく利用できるのが筋というものです。

もし、同性愛者のカップルがこのパンフレットを見て、旅行を計画して盛りあがったとしましょう。そのあと、この小さな欄外の注意書きを見て、ガックリと肩を落す二人の姿を想像すると、とても悲しい気持ちになります。

次に宿泊施設について考えてみましょう。異性愛のカップルならば、どこでも旅館・ホテルなどの宿泊施設に自由に泊まれますが、同性同士の場合、ダブルルームに宿泊できなかったり、ラブホテルに宿泊を断わられたりすることがあります。せっかくの旅行やデートで、使用を断わられたらあなたは、どう感じますか。「今日の夜はちゃんと泊まれるだろうか」といった不安をかかえながらの旅は決して楽しいものとは言えないでしょう。

その他にも、生活上の困難はいろいろあります。

宿泊施設について

海外には同性愛者が快適に泊まれるよう、工夫された宿泊施設もあります。例えば、ニューヨークには同性愛者を差別しない旨アピールしている大型ホテルや、当事者によって運営されているペンションがあります。そうした情報はインターネットで手に入れることができます。

二人の同性カップルが同居を考えたとします。しかし、多くの場合、同性同士の入居、特に男性の同居は嫌われるのが一般的ですから、一方の個人契約で同居することになります。たとえ、二人での入居ができたとしても、自分たちは「イトコだ」とか「友だちだ」と言わざるを得ないというプレッシャーは相当なものです。日々、隣近所に対して「演技」をせざるを得ないのです。また、万一、契約当事者である一方が死亡してしまった場合、パートナーには契約上、何の権利もありませんから、居住を継続することができなくなってしまいます。

都道府県などが管理する公団住宅はどうでしょう。経済的に困窮《こんきゅう》した場合など、所得に応じて安価で提供されている公団住宅ですが、「家族向け」住宅への入居は「同居親族がいること」という条件がつけられています。同性同士のパートナーは現在の法律では「親族」として認められないため、カップルとして入居することができません。

生活上受ける様々な不利益について、もう一つお知らせしたいことがあります。それは病院での面会についてです。例えば、パートナーが不慮《ふりょ》の交通事故に遭《あ》ってしまったとします。救急車で運ばれたパートナーは意識不明の重体です。あわてて駆けつけると、病室の前には「面会謝絶《めんかいしゃぜつ》」の札が下がっていたとします。面会謝絶の場合、「親族」しか面会を許されないのが一般的です。手術を必要とする場合、その判断を行なうのもやはり「親族」です。また、治療方法を決めるといった重要な決定も法律上の「親族」が優先されます。一番相手の状況を理解しているはずのパートナーにその権利が与えられていないのはやるせない気持ちがするのです。

その他にも「親族」として認められていないための不利益に、保険の受取人になるのが大変だったり（保険会社によっては、同性のパートナーを受取人に指定できるものもあります）、遺産の相続人になれない、といったものがあります。自分の一番愛すべき人に自分のわずかな財産を残したい、というささやかな夢も現在の法律によって打ちくだかれてしまうのです。

海外では既存の婚姻制度に同性カップルを組み入れる形で解決している国々とフランスのパックス法に代表されるように二人のパートナーシップを「契約」として届け出をすることにより一定の法的保障を得られるようにしている国とがあります。現在の日本には残念ながらどちらのシステムも存在していません。

このような状況をなんとかするために、注目されているのが「公正証書」の存在です。おたがいの権利義務関係を「公正証書」に記載することによって、ある程度、法的保障が受けられるようになります。詳しくは一三八頁「公正証書とは何でしょうか？」に譲ります。

〈石川大我〉

パックス法（ＰＡＣＳ法）

日本語では「連帯の民事協約」と訳されます。一九九九年十一月に成立したこの法律は、同性・異性を問わず、婚姻関係を結ばないで共同生活を送ろうとするカップルに結婚とほぼ同等の法的地位を認めるというものです。財産の共有、看護・忌中休暇の保障、所得税の共同申告などの権利が与えられます。

Q16 レズビアンで困ることって、何ですか？（生活上の不便・困難／精神的な困難）

レズビアンの人は、女性が好きな女性ってだけなわけですから、生きていく上で、何か不便なこととか不利益なことなんて、ないいんじゃないいんですか？

レズビアンであることを自認して生きていくことが自分らしく生きることであっても、それをずっと貫いていこうとする時、たくさんの困難な状況に直面することがあります。〝異性愛が当たり前〟とされている社会において、自分が異性愛者ではなくレズビアンであるということを打ち出すには相当のエネルギーを要し、勇気もいるのです。もちろん、個人的に時間をかけて話すことで人によっては理解を得られることはあっても、社会通念の壁はまだまだ厚いため、大きなリスクを覚悟《かくご》の上にカミングアウトすることも十分に考えられます。

社会や職場（学校）、親族、友人、その他の状況や関係性において、同性愛者故にいわれのない差別を受けたり困難な状況に陥《おちい》ることがあります。特に職場で悪意のあるアウティングをされてしまうと、会社で働きづらくなり、最悪の場合には、退職を余儀なくされることもあるのです。また、その他ここでは取り上げき

アウティング
　本人の了承を得ることなくレズビアンやゲイであることを、他人が言いふらすことをいいます。

れないほどのレズビアンを取り巻く様々な問題は、同性愛者が社会に容認されることによって解決されるものが多いのです。

結婚について

親戚や知り合いの人からお見合い話しを持ち出されたり、親から「早く結婚して安心させてほしい」と言われたりなど、結婚に関するプレッシャーを経験することがよくあります。一時的にその話題を回避《かいひ》してみても、〝なぜ結婚しないのか〟という根本をわかってもらうためにはカミングアウトを余儀《よぎ》なくされることがあります。また、カミングアウトも済んでいて、自分の性的指向を理解してくれていると思っていた親が、「結婚さえすればごく〝普通〟の異性愛者になれるのではないか」との期待を密《ひそ》かに抱いていたことがわかり、親も本人も辛い思いをすることもあります。現代ではいろいろな場面において、女性の社会進出が進んできたとはいえ、一般的な女性の生き方やあるべき姿として、学校を卒業し就職をしても、そこそこ勤務した後は結婚して家庭に入るものだと考えられている傾向にあるようです。また結婚して家庭を持ち、子どもを産み育てていくことが〝女性の幸せ〟と考えられたりもしています。レズビアンに限らず多くの女性たちが、世間からそして職場からの「結婚プレッシャー」を実際に受けて不快に感じてい

映画『ウーマン・ラブ・ウーマン』(二〇〇〇年・米)
六〇年代、七〇年代、現代の各時代別に映された三話のオムニバス。
六〇年代編では、長年ひっそりと連れ添ってきたレズビアンカップルの一人が急逝してしまう。後に残されたパートナーのやり切れなさや、悲しい境遇が等身大に描かれています。

ることが多いのです。

子どもが欲しいとは思いませんか？

社会には〝産む性である女性が子どもを産み育てるのが当然〟といった考えがあります。しかし、レズビアンであろうがなかろうが、子どもを持ちたいと思うかどうかは個人の考え方によるところが大きいのではないでしょうか。異性愛者の女性の中にも子どもを生み育てたい人と、それを望まない人がいるのと同様です。子どもを産むことをあえて選択しない女性もいますし、子どもが欲しくても健康状態などの諸事情によってそれを望めない女性もたくさんいます。

また、自分の血筋《ちすじ》にこだわることなく子どもを育ててみたいと考える女性だっているのです。レズビアンで母親の女性もいますが、諸外国のように日本でも同性婚やパートナーシップ制度が導入され、同性カップルにも子どもの養育権などが認められるようになれば、出産や子育てへの関心がもっと高まっていくのかもしれません。

カミングアウトをした時のまわりの反響は？

親しい友人に勇気を出してカミングアウトをする際、どのように受けとめてもらえるかと必死の思いで告白した経験を持つ同性愛者は多いのではないでしょうか。レズビアンの場合、女性にカミングアウトをした時、その人への個人的な恋愛感情を告白したわけでもないにもかかわらず、その相手を含むすべての女性に対して性的な関心を持っているのではないかと誤解《ごかい》され、相手に退《しりぞ》かれてしまうことがあります。異性愛者であっても、出会った異性のすべてが恋愛対象になることなどあり得るはずもないのに、同性愛者だとなぜかそのような偏《かたよ》った受け取られ方をされがちです。

また、異性愛者の男性にカミングアウトをしたところ、同性愛者への無理解から「俺が治してやろう」、「男と付き合ったこともないのにレズビアンと決めてかかるのは変だ」などと言われて思わず絶句《ぜっく》してしまった、というレズビアンもいます。女性から全く性的な関心を持たれないのは〝男の沽券《こけん》〟に関わることだと捉《とら》えているような一部の異性愛者の男性からすると、「俺が治してやる」といった無責任な発言につながるのかもしれません。こういった背景には、同性愛者が常に性的な存在、極端に言えば四六時中セックスをしている（考えている）存在であるといった扇情的《せんじょうてき》で偏った解釈をされていることが上げられます。マスメディアなどでも同性愛者が〝イロモノ〟〝キワモノ〟として興味本意のみで扱われることは、その影響力を考えると実に重大な問題なのです。　〈大江千束・小川葉子〉

Q17 ゲイで困ることって、何ですか？（精神的な困難）

ゲイであるってことで難しく考えすぎていませんか？　別に自分が男性を好きだってだけで、気にしなければどーってことないんじゃないですか？

ゲイ男性は、基本的に異性愛の男の子として育てられ、本人が自分の性的指向を自覚するようになってからも、家族や友人や教師など周囲の人間は、彼が異性愛者であることを前提に接してきます。私たちが生きている社会には「男らしさ」「女らしさ」という社会的な性役割＝ジェンダーの縛《しば》りがあって、男の子には性的指向に関係なく、社会が求める「男らしさ」を身につけさせるような圧力が、常に働いています。

その「男らしさ」の中には、「同性愛嫌悪」と「女性嫌悪」もセットになって含まれています。男が「男」になるためには、「男」が主体となって「女」を愛し、「女」とセックスをし、「女」をリードしていかなければなりません。男性優位社会において、女性に性的な意識が向かわないゲイ男性は、「女を征服することのできない」「一人前になれなかった」「女々《めめ》しい男」として嫌悪の対象となり

ジェンダー
社会的・文化的に作られた性役割（いわゆる「男らしさ」「女らしさ」）のこと。ジャンダーは、固定的なものではなく、民族・地域・時代によって異なります。

ます。その「嫌悪」は、個人差はあるものの、すべての男性が内面化していきます。異性愛の男性の場合は「嫌悪」する対象は主に他者であるゲイ男性となり、ゲイ男性の場合は自分自身に「嫌悪」が向かうことになります。

したがって、一般的には、性的な主体からはずされている女性の方が、男性よりも同性愛嫌悪が少ない傾向にあります。例えば、女の子同士が仲良く手をつないで歩いていても、周囲はある程度放っておいてくれますが（それでも年齢が上がると周囲はうるさくなります）、男の子同士が手をつないで歩いたりすると、とたんに「あいつらホモ！」といった揶揄《やゆ》が飛び交います。男同士の親密な関係に対する社会的な許容度と、女同士の親密な関係に対する社会的な許容度には、差があるのです。しかし、これは必ずしも社会が女性同性愛者に対して寛容というわけではありません。男性優位社会では、性的な主体ではない女性が何をしようと無関心に放置されるのだ、と解釈するべきでしょう。

こういう社会では、人は誰しも自分が同性愛者ではないことを証明し続けなければなりません。当然そのプレッシャーは、男性に対してより強く働きます。その例として、テレビのお笑い系の番組などに出てくる、いわゆる「ホモネタ」があります。例えば「お前ホモなんちゃう？　襲わんといて」と言って、尻をつき

男らしさとホモフォビア

Q2にもあるとおり、性的指向はグラデーションですし、「男らしさ」という概念自体が常に揺らいでいる実体のないものですから、「一〇〇%完璧な異性愛の男」というものは、この世には存在しません。したがって、異性愛の男性も、自分の中にある「女性的」な部分や、何割かはあるかもしれない同性に魅かれる部分を否定せざるを得なくなります。

男同士のスキンシップは、女同士のそれに比べると、「同性愛者だと疑われる」恐怖がより強いために、非常に味気ないものになりがちです。日本では、男性の場合、友人同士であっても、手をつないだりお互いにハグ（親しみを込めて抱きしめること）し合ったりすることすら、なかなかできません（スポーツという大義名分があると、男同士のスキンシップの許容度はグッと上がったりします）。

出して笑いを取ったりします。

「ホモネタ」を演じるのは、ほとんどが男性タレントです。「ホモネタ」を演じ、ゲイを笑い者にすることで、逆に自分がゲイではないことを証明でき、なおかつ自分に〝芸《ゲイ》〟がなくても簡単にゲイで笑いが取れるわけですから、男性タレントにしてみれば、一石二鳥《いっせきにちょう》なわけです。

一方、視聴者にとっては、「ホモネタ」を見て「笑う」ということが、自分が同性愛者ではないことの証明になります。もし当事者の子どもが、親や友人と一緒にテレビを見ていて、「ホモネタ」が出てきたときに周囲の人間が笑ったら、それは間接的にであれ、自分が笑われたに等しいわけですから、当然傷つきます。同性を好きになる純粋な気持ちや、同性に対する性的な欲望を「笑い」という形で否定されるのは、明らかな人権侵害です。しかし、当事者はなかなかそこで声を上げることができません。さらに、ただ黙っているだけでは、すまされないこともあります。自分も同調して笑わないと、「おまえホモなんじゃないの?」という疑いをかけられるかもしれないからです。そこで、笑うことを選択する当事者もいます。本当は笑いたくないのに、顔は笑っているわけですから、本人にしてみれば、やり切れません。

すこたん企画には、ゲイの中・高生から「演技をしていることがつらい」とい

すこたん企画に寄せられたメール

A君▼僕は中学の頃から男の子が気になりはじめ、高校に入って部活の先輩を好きになりました。最初はホントに自分は異常だと思いました。ものすごく悩んだし、誰にも相談できず、女の子が好きなフリをして、今まで過ごしてきました。
ノンケ（異性愛者）の友人を何人か好きになりましたが、告白はせず、苦しい思いを胸に隠し続けてきました。ゲイの友だちがほしくて、インターネットを通じて、とあるサークルに入りました。また少ないけど、相談できる友人や仲間がいるのはいいですね。自分は一人じゃないって気がして心強いです。

B君▼中学の時に男の子にしかドキドキしないんだって気づいてから、自分を隠し続けて、偽り続けて思春期を送って、自己嫌悪の渦に巻き込まれていました。自分がゲイであることは、両親や親戚に申し訳ないと本気で思ってました。将来結婚、

うメールがたくさん来ます。彼等のほとんどが、どこにも相談できる場所がなく、親身に話を聞いてくれる人を見つけられない中で、やっとの思いですこたん企画にたどり着きます。

当事者の大変さは、その人を取り巻く環境・親・教師・同僚・上司・友人の態度、その結果として内面化せざるを得なくなった自己否定観の強さの違いなど、さまざまな要因がからんで、一人ひとり違います。中には、クローゼット（Q24参照）にいることがそれほど苦にならないという人、最近では高校生くらいから自分がゲイであることを比較的肯定的に捉え、安心できる友人にはカミングアウトしている人もいます。しかし、一番大変ではない人の例を引っ張り出して一般化し、ゲイはそんなに大変じゃないよ、と言うことはできません。

社会人になると、ゲイには結婚プレッシャーが現実の問題としてのしかかってきます。職業によっても違いますが、特に金融業などでは「結婚」していることが男性の社会的な信用と関わってくるために、結婚しないと昇進《しょうしん》できない企業もあります。

ゲイ男性は、企業社会の中にあっても、カミングアウトしなければ、やはり異性愛者の男性として扱われます。仮にカミングアウトしたとしても、男性として

子どもを期待していることは目に見えていますから。

大学に入ったら「性を持たない人間」として生きていこうと思いました。入学後はゲイである自分を覆い隠すために明るく元気に振る舞いました。でも、限界が来ました。「こんなオレでも自分らしく生きていきたい！」と思うようになったのです。

の特権（昇進・昇給・女性のように結婚退社を求められないなど）は与えられ、さらにそれを拒否することは、なかなかできません。企業は、特権を与えたからには、「男」に企業戦士となって会社に尽くすことを求めてきます。しかし「男」を朝から晩までこき使うためには、身の回りの世話をしてくれる専業主婦が必要です。結婚制度は、企業が男をフルタイムでこき使うための装置としても機能してきました。そして周囲は「早く一人前の男になれ＝結婚しろ」という圧力をかけてきます。

また、男性は、家制度がなくなった今でも「○○家」の継承者《けいしょうしゃ》としての役割を親や世間から期待されていますから、女性とは別の意味での結婚プレッシャーがあります。すこたん企画にも、「家業を継がなければならないのですが、結婚したくありません」「長男である自分が結婚しないと○○家が途絶えてしまいます」「上司にソープに連れて行かれるのが苦痛でなりません」といった相談が、ひっきりなしに届きます。

「ゲイであること」と「男性であること」は、切り離して考えることができません。まずはゲイとして、同性に魅かれる自分を認め受け入れること、その上で、男性として「男らしさ」とどう向き合い、どう解放されていくべきなのかを考えることが必要なのでしょう。

〈簗瀬竜太〉

コラム②

LGBTセンター

欧米では、同性愛者やトランスジェンダーの活動に援助を惜しまない公的機関がたくさん設立されています。例えば、LGBTコミュニティセンターは、安全で安心していられる場で、LGBT＝レズビアン／ゲイ／バイセクシュアル／トランスジェンダーの自主的な活動を保障する、重要な役割を担っています。たいてい一戸建てのビルで、さまざまなサービスが行なわれています。同性愛者が自分を肯定的に受け入れるためのワークショップが実施されたり、自己実現のためにホールやミーティングルーム、スポーツ施設を安く利用できたり、個人や団体の交流の場になったり、職業訓練のプログラムがあったり、演劇やバンドや合唱の練習から映画会・講演会といった創造活動賀できたりと、充実した活動ができます。

私が訪問したニューヨークのLGBTコミュニティセンターで見た光景は未だに目に焼き付いています。設立にさまざまな芸術家が参加し、壁にキース・ヘリング（ゲイであることをカミングアウトしていたアーティスト）の絵があるセンターの庭で、初老のゲイのカップルときゃぴきゃぴした若いレズビアン／ゲイたちとが穏やかに交流しているのです。エイジズムを超えたその姿は、運動の歴史と成熟を感じさせ、日本にもこうしたセンターができるまで活動したいと決意を新たにしたのでした。

〈伊藤　悟〉

ロサンゼルスのLGBTセンター

Q18　私は別に同性愛者の方を差別なんかしてませんよ

私は、今まで、同性愛の人を軽蔑したり、差別したりした記憶がありません。それなのに、いろいろやかましく言われているようで不快なのですけれど。

「私は別に同性愛者を差別なんかしてないよ」

そう言う人に限って、同性愛者をはじめとする人権について無頓着《むとんちゃく》だったりするものです。「差別をしていない」ということは、「自分はいっさい関知していない」「興味がない」ということと同じではありません。「自分はそういったものにはいっさい関わりたくない、関係ない」と決め込む態度をとる人にこう言われることがよくあります。

そう思った人はぜひ、人は無意識のうちに差別をしていることがある、ということに気づいて欲しいのです。

お笑い番組の「ホモネタ」や「レズネタ」に笑っていませんか？　この世の中には異性愛者しかいないような前提で話をしていませんか？　友人に「彼氏できないの？」「彼女つくれよ」と挨拶《あいさつ》がわりに言っていませんか？　人間は結婚し

て一人前だと思っていませんか？

一つでも該当《がいとう》した人は積極的な差別をしていなくても、結果的に今ある差別を容認して助長していることになるのです。これらはどれをとっても、当事者にとって、とてもストレスにつながるものばかりです。

もっと言えば、教員や親など、子どもに強い影響力を持つ人にとっては、同性愛について黙っている、あるいは肯定的な情報を流さない、ということだけでも、差別の助長につながるのだ、と付け加えておきましょう。

なぜなら、社会にはあまりにも同性愛についての否定的な見方が多いので、当事者にとって、「何も語らない人」イコール「否定的な見解を持っている人」と想像せざるを得ない状況があるからです。

「差別とは激しい思い込みのこと」であると性教育の専門家である安達倭雅子さんは言いました。今、自分の中にある「差別なんかしていない」という「思い込み」を疑ってみるのも差別解消の近道かもしれません。

さて、こういう言い方をすると「差別なんてされてないよ」という同性愛者を知っている、という人が出てきます。ちょっと物知りな人はアメリカでのヘイトクライムに比べれば、日本の同性愛者はまだまだ楽な方だよ、なんていい方をするかもしれません。

ヘイトクライム
憎悪犯罪。人種、肌の色、出身地、性別、性的指向などを理由に、加害者が意図的に被害者を選択して引き起こした犯罪で、通常の刑罰よりも厳しく罰せられます。

どうでしょう。ひとくちに同性愛者と言っても日本国内だけでも三六〇万人から六〇〇万人もいるのです。その各人によって状況が違うのは当然です。周りにもカミングアウトしていて、周囲が同性愛者であることを受け入れ、本人は実に幸せに暮らしているゲイやレズビアンもいるかもしれません。しかし、だからと言って社会全体に「差別はない」とは言えないでしょう。私たちのもとには、同性愛者であることを誰にも言えず、孤立している思春期の当事者から毎日のようにメールが来ます。「田舎に住んでいるので、自分と同じ同性愛者にどうやって出会っていいかわからない」「自分はいてもいい存在なのだろうか」といったものや、なかには「自殺を考えてる」といったメールまであります。

また、当事者で「差別なんかない」と言う人には、今、自分の周囲にある生き辛い状況を直視《ちょくし》するのがしんどいからこそ、「差別なんかない」と言って必死にもがいているという場合もあるのです。

結婚制度をはじめ、厳然《げんぜん》と制度上の差別が存在し、日々の生活すべての場面で同性愛者として「自分らしく」生きられない状況では「差別なんかない」とは言えないでしょう。

ヘイトクライムについてはどうでしょうか。今の日本の社会は同性愛者の存在を完全に無視して成り立っています。リアルな同性愛者の姿が思い浮かばないの

三六〇～六〇〇万人
同性愛者は三～五％いるといわれています。五％＝六〇〇万人という数字は千葉県の人口と同じ数です。多くの人がすでに同性愛者に出会っているのです。

です。幸か不幸かこうした状況のなかで、自分が同性愛者であることを敢《あ》えて言わなければ、勝手に異性愛者としてみなされてしまいます。ですから、当然バッシングも受けないのです。

アメリカでは、日本より当事者団体が数多くあるなど、見えやすい存在になっています。その分権利の保障も進んでいるのですが、ヘイトクライムが多いのも事実です。

近年、日本でもゲイやレズビアンの当事者が声をあげるようになってきました。それに伴い日本でも新木場での殺人事件に代表されるように、様々な事件も起こりつつあります。

今後、当事者同士のネットワークが広がるにつれて、様々な機会で同性愛者は「目に見える存在」になってくるでしょう。その時、ヘイトクライムという排除《はいじょ》の道に進むのか、それとも多様性を認め合う共生の道へと進むのか、問われているのは日本の社会、そして、みなさん一人一人の意識ではないでしょうか。

〈石川大我〉

新木場での殺人事件
東京・江東区の夢の島公園で、同性愛者であるとみなされた男性が少年グループから金品を奪われ撲殺された事件で、少年らは供述でゲイをターゲットにした「ホモ狩り」であることを明らかにしています。殺人事件前にも同様の手口で多くのゲイから金品を奪っていました。詳しくは九四頁「コラム③」参照。

コラム③

憎悪犯罪（ヘイトクライム）

憎悪犯罪（ヘイトクライム）は、一九八〇年代以降、アメリカで使われだした概念で、差別的な意識によって、意図的に被害者（物も含む）を選択して行なわれた犯罪を指します。まず一九九〇年に「憎悪犯罪統計法」が連邦議会で成立、偏見に基づいた犯罪のデータを集め、その内容を分析し、公表することが、司法省に求められることになり、さらに一九九四年に成立した「暴力犯罪取締法律執行法」によって、憎悪犯罪は一般の犯罪より厳しく処罰されることになりました。差別的な意識の具体例としては、人種、肌の色、出身地、性別、障害、宗教、性的指向などが法律に列挙されています。

同性愛者に対する憎悪犯罪は毎年、アメリカで数百件単位で報告されていますが（それでも氷山の一角）、衝撃的な例として、一九九八年十月、ワイオミング州の小さな大学町で、ゲイの大学生が同世代の男二人にリンチされて死亡した事件があげられます。

殺されたのは二十一歳のマシュー・シェパードさん。二十二歳のラッセルと二十一歳のアーロンの犯人二人組は、バーで巧みにだましてシェパードさんを車で連れ出し、車内その他で暴力をふるった末、柵にしばりつけて放置したのです。その十八時間後に発見されて病院に運ばれましたが、頭がい骨骨折などで、五日後に亡くなりました。アメリカの同性愛者たちは、この事件を決して忘れずに活動しています。

憎悪犯罪に近い事件は日本でも起こっています。

二〇〇〇年二月十一日早朝、東京都江東区新木場駅前の「都立夢の島緑道公園」内で、若い男性が殺されているのが発見されました。死因は、頭部や顔面を鈍器のようなもので激しく殴られたことによる外傷性ショックおよび内臓破裂などと判明し、十六日には、十四歳の中学生と十五歳の高校生の二人の少年が、十九日には、二十五歳の男性が逮捕され、その後の裁判で強盗殺人に対する有罪が確定しています。

この裁判の過程などから判明したのは、少年たちが「『ホモ狩り』に行こうぜ」などと誘い合わせて、この公園に集まる男性同性愛者を明確にターゲットにしていたことです。一九九九年から常習的に暴行や脅迫をくり返し、警察に被害届がなされたものだけでも十数件に及ぶことがわかっており、この事件はそれら一連の事件の最悪の結果であったことが分かりました。これらの事件に関与した少年たちは、逮捕された三名のほか、二十数名におよぶことが明らかになっています。この公園は、出会う機会の少ない男性同性愛者が集まる場所として使われていましたが、メディア等が興味本位にそれを取り上げたりする中、彼らがそれを知ったのです。

　被害届が少ないのは、警察がまともに取り合ってくれなかったり、同性愛者であることを知られることを恐れて泣き寝入りせざるをえなかったりという状況が背景にあります。少年たちも、「ホモは警察に届けない」という認識で犯行を続けたという事実があります。

　ただ、裁判の判決においても、この事件の報道においても、少年の犯罪という点に力点がおかれ、同性愛者への偏見については敢えて全くふれられていないということが大きな問題です。ＮＰＯ法人アカー（動くゲイとレズビアンの会）などの調査によれば、全国にある同様の男性同性愛者が集まる場所で、似たような暴行事件がくり返されています。類似事件の再発防止のためにも、この事件を同性愛者への差別という点からとらえ直す必要があると言えます。毎年、二月十一日の前後には、犯行現場に花を供える人が絶えず、この事件を風化させないために集会などの活動が行なわれています。

〈伊藤　悟〉

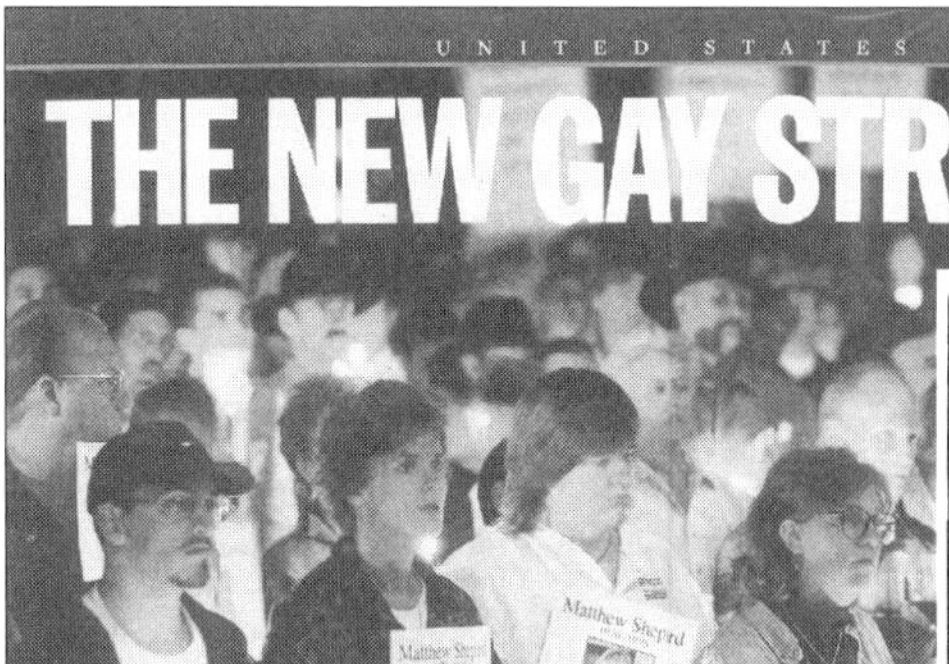

殺害されたマシュー・シェパードさんを悼み19日、ニューヨークで肖像画にキャンドルをささげる人（AP）

同性愛者への暴力
増加でも防止法まだ

米で惨殺きっかけに論争

10/24 読 朝刊

【ロサンゼルス22日＝河野博子】米ワイオミング州で、同性愛者の男子学生が惨殺された事件をきっかけに、同性愛者を標的とする犯罪の先鋭化が米国で注目を集めている。事件後、各地で集会が開かれ、立法措置を急ぐよう求める声も高まっている。ところが、現行法を強化し、同性愛者への暴力を対象に加えた「新ヘイト・クライム防止法案」は、連邦議会で宙に浮いたまま。犯罪の増加や立法化の遅れの背景には、「同性愛は罪」と強調するキリスト教右派など宗教・倫理に踏み込んだ指摘もあり、議論をいっそう複雑にしている。

　事件は今月七日夕、ワイオミング州ララミー市で、ワイオミング大学生、マシュー・シェパードさん(21)が頭がい骨が砕けるまで殴られたうえ、道端の柵に体を縛り付けられ、意識不明の状態で発見されたもの。通りがかった人に救出されたが、五日後に死亡。二十一歳と二十二歳の容疑者二人が第一級殺人罪で逮捕・起訴され、警察は、犯行の動機を「ゲイ（同性愛者）バッシングと強盗」としている。

　司法省の統計によると、九六年に起きた「偏見に動機づけられた犯罪」（計八千七百五十九件）のうち、同性愛者が被害者となったケースは一千十六件で全体の11・5％。また、民間団体「南部貧困法律センター」が物理的暴力が振るわれた被害者を分類した結果、同性愛者は黒人の二倍、ユダヤ系や中南米系の六倍という結果だった。

　米国では、公民権運動が盛んだった六八年、人種、肌の色、出身国、宗教を理由に、投票や教育を受けようとする人に嫌がらせや暴力を加えることを禁じた連邦法が制定されている。同法の対象を同性愛者をターゲットにした犯罪に拡大する新たな「ヘイト・クライム防止法案」が昨年秋、連邦議会に上程された。

　クリントン大統領は事件後、「憎悪（ヘイト）と偏見はアメリカ人が持つべきものではない」と語り、議会に対して法案の成立を促しているが、審議はなお継続中。「同性愛は罪」「同性愛は治療可能」とのキリスト教右派勢力のキャンペーンなど、同性愛イコール病気で、存在と権利を認めるべきではないとの見方が広がっており、法案への反対が根強いからだ。

シェパードさんの事件を大きく扱った一九九八年十月の『ＴＩＭＥ』と読売新聞の記事。

コラム④

キングギドラの同性愛嫌悪的な歌詞

二〇〇二年四月、ヒップホップグループのキングギドラが発売した二枚のCDシングルのうち『UNSTOPPABLE』に収録されていた『ドライブバイ』の歌詞に同性愛者をおとしめる部分がありました。サビで「ニセもん野郎にホモ野郎　一発で仕止める言葉のドライブバイ　こいつやってもいいか　奴の命奪ってもいいか」とくり返され、「だってわかってやってんだろう　そのオカマみたいな変なのだいたいわかる居そうなとこ　いつでも行ける行こうかそこ　おめえの連れたアバズレのレズに　火の粉かけたくなきゃ　バックれろMC　どうしたビビったか　ママの選んだパンツにチビッたか（中略）死になクズが」と歌っているのです。

また、もう一枚のシングル『F.F.B.』（"Fast Food Bitch"の略）でも、誰とでも寝る女性（ビッチ）がこっぴどく描かれ、その子をハンバーガーセットに見立てて、「マジあいつぁ止めた方が絶対良い　バリューパック　おまけはHIV」とぶち上げています。（この「HIV」は「制作者の意図により」歌詞カードに記されていませんでした）。

これに対して、同性愛者の団体「すこたん企画」がインターネットを通じて問題提起、さらにレコード会社や大手レコード店にも対処を求めました。すばやく反応したのが大手レコード店各社で、各店舗で問題の曲を流さないと決定、直ちに実行されました。

その経過に応じて、千人近くの当時者が、メール・電話・ファックスで、レコード会社に抗議を送りました。「すこたん企画」には、学校でこの歌詞が話題となり「やっぱりホモってうぜーよな」と盛り上がってつらかったというゲイの高校生など、実際にこの曲が同性愛に対する嫌悪感をあおっている事実を示すメールもかなり寄せられ、この曲の影響の深刻さが示されたのです。

こうしたたくさんの当事者の行動の結果、販売元のソニー・ミュージックエンタテインメント並びに子会社のデフスターレコーズは、四月十九日に当該商品の回収・出荷停止、さらに二十四日には今後の発売の中止を決定しました（それまでに二枚それぞれが約十万枚を売り上げています）。同社の発表文書によれば「メンバーに悪意は決してなかったとはいえ、結果的には、同性愛者やHIV感染者の方々に不快な思いをさせかねない歌詞が一部含まれていると判断」しての決定であるとされています。

「すこたん企画」では本人たちから直接のコメントあるいは対話を求めましたが、実現しませんでした。ただ、キングギドラ自身は、ラジオなどで「ニセモノラッパー」を攻撃したものだから「悪意はなかった」と弁明していたようです。そうだとしても、価値の低いもの＝軽蔑すべきものと見ている「ニセモノラッパー」を攻撃するために「ホモ野郎」と言っているのですから、「ホモ野郎」に対しても見下してきた、と解釈せざるを得ません。表現者として、レコード会社まかせでない責任ある対応はとられなかったのです。それどころか、四月三十日には、二枚のシングルから『ドライブバイ』と『F・F・B・』を抜いて一枚にしたシングルが発売されるという手回しのよさでした。

　この過程で、「すこたん企画」には「僕も、高校でいろいろゲイであることを悩んでた時期に、こんな曲出てたらたぶん自殺してたと思います」などという当事者にショックを与えたメールも続々舞い込み、「奴の命奪ってもいいか」を「あくまで歌詞として（言葉遊びとして）」「ヒップホップならこのくらい過激で当然と思って」（一部のファンの声）聞くということは心情的に不可能なことが示されました。また、一部のファンから「ホモ死ね」「気持ちわりーんだよ」などの理解を拒否した乱暴なメールが届いたことも残念なことでした。

　当事者であるゲイ／レズビアンの声をレコード会社に届けて発売を中止させるという成果を得た、という意味で、音楽文化のあり方と社会の同性愛嫌悪に対して、一石を投じた意味のある大きな行動だったと言えます。

〈伊藤　悟〉

同性愛者差別CD回収
人気ヒップホップグループ　キングギドラの2曲
22日付オリコンチャート5位と6位
HPでおわび
「こいつやってもいいか」…

キングギドラのCD回収を扱ったスポーツ新聞。

Q19 学校教育の中で同性愛はどんなふうに取り扱われていますか？

同性愛のことって、学校で扱われることがあるんでしょうか？　もし性教育などで教えられているとしたら、時期尚早って気がするんですけれど。

一般的に、学校教育の現場では、ほとんど正確に扱われていない、もしくは、何も触れられていない、というのが現状です。

もちろん、いくつかの先進的な小学校、中学校、高校などではきちんと扱われています。例えば、性教育、総合学習、人権学習のなかでグループごとの調べ学習をしてみたり、当事者を呼び、生の声を聞くことによって、理解を深めたりと様々な角度から同性愛者の人権について学んでいます。卒業記念講演として、同性愛者の話を聞く、といった中学校もあります。

しかし、まだまだ多くの学校では、「思春期になると異性に恋をします」といったことが当たり前のように保健体育の授業で扱われたり、同性愛者の存在を意識しない授業が行なわれています。

しかし、考えてみてください。

同性に性的な意識が向かう人はどの時代にも、どの地域にも三〜五％いると言われています。つまり、クラスに一人は同性愛者がいる計算になるのです。異性愛の子どもがそうであるように、同性愛者の子どもが自分の気持ちが同性に向くと気づくのは小学生から中学生が一般的です。ですから、学校教育の現場にも同性愛の子どもは確実にいるのです。

自分が同性愛であると気づいた子どもは成長するとき、まず、周囲のクラスメートと自分が違うということに不安を感じ、悩みます。

周囲には同性愛について否定的な情報が氾濫《はんらん》しているので、自分は異性ではなく同性に惹かれる、ということを言い出すことはとてもできません。「自分はこのままでいいのだろうか？」「自分という存在はこの世で一人だけなのではないか？」という不安をかかえながら、成長する子どもも多いのです。

ここで、自分が同性に惹かれるということを学校の中で言うことがいかに難しいか、という例をあげましょう。

これは中学生三年生のゲイの男の子から届いたメールです。

「中二の宿泊合宿で、どこかのホテルに泊まった日のこと、夜、班長会があったので、班長である僕は行きました。で、どーゆー話の成り行きかは忘れたけど、女の子の生徒が、先生に冗談《じょうだん》まじりに『ヘンタイだー！』と言いました。先生は

思春期の同性愛者

異性愛の子どもは友だちと恋の話をするなかで、自分の気持ちはみんなと同じで間違っていないんだ、と安堵感を得ることができます。しかし、同性愛の子どもは、自分の気持ちが同性に向くことを話せないばかりでなく、同じ気持ちの当事者に出会うことがとても難しいため、なかなか自分の存在に安堵感を得ることができません。思春期の当事者にとって、何でも話せる同じ気持ちの「仲間」に出会うことはとても重要です。

『バカ。変態ってゆーのは、男が男を好きになったり、そーゆーのを変態ってゆーんだよ』と冗談まじりに返しました。

僕は男で男を好きになったことがあり、その恋で素敵なことをたくさん学んだし、成長もしてきました。なんだか、その教師の発言でその恋の輝きを汚されたように感じました。何かを教える立場の大人が同性愛を汚なく見るような教育をすることはいけないことだと思いました。

同性愛に限らず、十人十色でもっと尊重しあうことが大切だと思います」

みなさんは、このメールをどう読みましたか?

多くの同性愛の子どもは、誰に相談することもできずに悩んでいるのです。たとえ相談しようとしても、このメールに出てくるような先生にはとても相談できないでしょう。同性愛の子どもたちが「自分らしく」生き、悩みを相談できるように学校教育では、同性愛についてきちんと教えるべきではないでしょうか。

教員もまだ正確な知識を持っているとは言えません。教員のみなさんは、まず、「同性愛の子どもが自分のクラスに一人はいるんだ」という意識をしっかり持って授業をすることが大切です。日々の授業のなかで、同性愛を差別するような発言を生徒がしたときは、「その言葉は、人を傷つける言葉だから使わない方がいいね」と言ってみたり、保健の授業では、「人は思春期になると恋をします。異性に恋をする人もいれば、同性に恋をする人もいます。またどちらにも恋愛感情を持つ人・持たない人もいます。すべて自然なことです」と言ってみたりするのもいいのではないでしょうか。この一言でホッとする、という当事者も多いのです。

また、知り合いの養護教諭《ようごきょうゆ》の女性は保健室に同性愛に関する本を置いてみたそうです。すると、「この先生は自分を受け入れてくれる」と思ったのでしょう。あるとき、一人の生徒が彼女にカミングアウトしたそうです。同性愛について肯定的な情報をさり気なく発信するのも重要なのではないでしょうか。

学校現場で同性愛について取り上げようとすると、「子どもにそんな知識は不要」「子どもに悪影響を及ぼす」「時期尚早《じきしょうそう》」「国民的理解が得られていない」といった声があがることがあります。

こんなことを言う先生には、クラスに一人は必ず同性愛者がいる、という事実への想像力が欠如《けつじょ》しているとしか言いようがありません。とても残念なことです。

最後に、私たちの行なった講演先の中学校で、生徒からもらった感想をご紹介しましょう。「今まで同性愛って最低、と思っていたけれど、そう思っていた私の方が『最低』だと気付きました」。

生徒の方がずっと柔軟《じゅうなん》で素直なことが多いのです。

〈石川大我〉

根強い偏見

人権について意識の高い教員やPTAが、同性愛者の人権に関する授業や当事者の講演会などを主催しようとしても、学年会、職員会議、管理職、教育委員会などに許可されないことがあります。あまりに偏見が強いと、情報を伝えることさえもできないことがあるのです。

Q20 メディアは同性愛者の姿をきちんと伝えていますか？

テレビのバラエティやワイドショーでは、「ホモネタ」でけっこう笑えますけど、いけないことなんですか？　マスコミ全体はどう扱っているのですか？

テレビの視聴率は一パーセントが一〇〇万人と言われていることからもわかるように、メディアの影響力はとても大きなものがあります。

特に小学生や中学生の間では昨晩の人気番組を見ていないと、話題についていけない、といったこともあるようです。

以前、フジテレビ系の人気バラエティー番組にこんなものがありました。男性のお笑いタレントの一人をまわりが勝手にゲイだと決めつけます。そして、テレビ局が用意した数名のゲイだとされる人（後にいわゆる「やらせ」が含まれていたということが判明します）と一緒にむりやりワゴン車に乗せ、一泊の温泉旅行に行くのです。

旅の途中で「ゲイだとされる人たち」はこのお笑いタレントに対して様々な恋のアプローチをします。お笑いタレントはそれを必死に拒むのです。このようなやりとりをタレントたちは影で見て笑う、という悪質なものです。

見ていて、怒りを通り越し、気分が悪くなる思いをしました。

これを見た視聴者、特に小学生や中学生は「同性愛者は笑われてもいい、バカにされてもいい存在である」ということを学びます。そして、次の日学校で「昨日の『ホモ』気持ちわるかったよなー」といって盛りあがる姿が容易に想像できます。そこにはクラスに一人は必ずいる同性愛の子どもたちがいます。実際にこの番組の終了後、私たちのもとには、中学生や高校生の同性愛者から、「番組の話題が学校で出て困った」「自分が否定されているようで悲しくなった」といったメールが数多く寄せられました。

私たちは早速この番組への抗議を呼びかけました。多くの電話やファックス、メールがテレビ局に届いたようです。しかし、テレビ局側からの答えは「差別するつもりはなかった」というものでした。

相当数の当事者から届いた「見ていて不快だった」「次の日学校でその話題が出て対応に困った」「許せない」という心のこもった意見や感想をもってしても、テレビ局は全く反省しないのです。それどころか「ギャラは払っている」「本人たちは了解《りょうかい》して番組に出ている」と開き直る姿には、唖然《あぜん》とさせられました。

このように、特にお笑い番組のなかで安易に笑いをとる「ネタ」として同性愛

クラスに一人は同性愛者がいる

同性愛者は三～五％いるといわれています。ということは、四〇人の学級でいえば、必ず一人の同性愛者がいる計算になります。多くの場合、自分が同性愛者であると気づくのは思春期ですから、学校教育のなかで、同性愛について正確な情報を提供することはとても重要なことです。

が使われることがよくあります。吉本興業のタレントはよく「オチ」に同性愛を使います。本来、弱いものが強いものに立ち向かうことにこそ、お笑いの醍醐味《だいごみ》はあるというのに、安易に社会的に弱い立場にある人間を「ネタ」にしてイジメて笑うというのは実に情けないことです。

また、同性愛は「スキャンダル」としても扱われます。さも、同性愛であることが悪いことかのように、スポーツ新聞や週刊誌が「タレント○○に同性愛疑惑」などと伝えている記事をみなさんも見たことがあるのではないでしょうか。

「ステレオタイプな同性愛者像」をつくりだすのにもメディアは一役買っています。例えばゲイと聞くと、女性的なしぐざをして、女性的な言葉をしゃべり、口が悪い、というイメージはないでしょうか？　メディアは「普通の」同性愛者を出したのではつまらないので、視聴者が「面白がりそうな」同性愛者を出すことに熱心です。日本には約三六〇〇万人から六〇〇〇万人の同性愛者がいると推定されています。ですから、色々な異性愛者がいるように、同性愛者も様々です。

「女性的なしぐさをしないゲイなんて、この世に自分ひとりだけなんじゃないか」と真剣に考えている思春期の孤立したゲイも少なくありません。

こうした状況を改善するためにも、メディアは同性愛について積極的に正確な情報を提供する責任があるのではないでしょうか。

芸能界では

芸能界にも同性愛者はたくさんいます。しかし、みずからが同性愛者であるとカミングアウトするのはとても大変なことのようです。海外ではイギリスの男性アイドルグループ「ボーイゾーン」のメンバーがカミングアウトして話題になったことがあります。ファンの受け止め方も好意的で、日本でもこうした状況に早くなってくれればと思います。トップアイドルがカミングアウトすることによって、勇気づけられる当事者、そして今までの認識をガラっと変える非当事者がたくさんいると思うからです。

メディアについてお話をしていると、暗い気持ちになってしまいますが、最後に明るい希望についてもご紹介しましょう。

二〇〇〇年五月から二〇〇二年五月まで続いた北海道新聞生活面の連載《れんさい》「暮らしの中の性教育」は大変すばらしい連載でした。性教育に詳しい安達倭雅子さん（〝人間と性〟教育研究協議会幹事）が書く「性が人権として学習されていくのが性教育」という想いからの連載は、性教育について、さまざまな角度からわかりやすく解説されていました。同性愛については、連載一〇四回中なんと二十二回にも及んで触れられています。内容は基礎的な知識から当事者の状況、希望など、読んでいてどれも勇気づけられ、元気の出るものばかりでした。

このように、少しずつですが、メディアのなかにも、同性愛について正確に伝えよう、という意欲を持った担当者が現われてきているのも事実です。こうした担当者がのびのびと仕事ができるように支えていくのも大切なことです。

〈石川大我〉

安達倭雅子
〝人間と性〟教育研究協議会幹事。同会による「性と性教育相談」担当。性教育の専門家として年一〇〇本以上の講演をこなす。ソフトでわかりやすい内容と語り口には子どもから大人まで定評があります。北海道新聞「暮らしの中の性教育」が二〇〇三年二月、北海道新聞社より単行本化。『暮らしの中の性教育』（安達倭雅子）定価一三〇〇円。〝人間と性〟教育研究協議会は、「科学・人権・自立・共生」をキーワードに、子どもとともに「性」のあり方や新しい生き方を考え、性教育の実践を交流・創造している民間教育団体です。
http://www.ne.jp/asahi/seikyokyo/2000/

Q21 ゲイ・フレンドリーな企業ってあるんですか？

職場で、同性愛の人が自分のことを話しても、仕事を続けられるところなんてあるのでしょうか？　やっぱり企業イメージとかがあったりするでしょうし……。

残念ながら、まだありません。日本でも、職場の同僚や上司にカミングアウトする人は増えてきましたが、まだまだ少数派です。個々の当事者のカミングアウトは、個人的な人間関係のレベルにとどめられ、企業レベルで同性愛者の存在を認知するまでには至っていないのが実状です。企業として同性愛者の存在を認識していないということは、認識されない者に対しての権利を保障することもできない、ということを意味します。したがって、同性愛者のパートナーシップを守るために、ドメスティック・パートナー制を導入するとか、性的指向による差別を禁止する、という事柄に関して、公式に企業として取り組んでいるところは皆無《かいむ》です。また、日本の大企業には、組織の中に人権擁護委員会があり、少数者への配慮や差別の禁止を謳《うた》っている企業もありますが、残念ながらその少数者の中に、同性愛者は入っていないのが現状です。

ドメスティック・パートナー制
「婚姻届」を出していないカップルに（同性愛・異性愛を問わず）、同居年数など、一定の条件を満たせば、「婚姻届」を出したカップルや家族に認められている、パートナーの看病のための休暇・保険や諸手当の給付・税金の優遇・緊急入院時の面会

この点については欧米の企業はかなり進んでいて、アメリカではディズニー、マイクロソフト、アメリカンエクスプレス、ＩＢＭ等をはじめ、二〇〇を越す大企業が、同性のパートナーにも保険の適用や各種割引制度など、結婚した人と同じ様々な権利を保障するドメスティック・パートナー制度を実施しています。アメリカではマイノリティにやさしい会社であることをアピールするのは、企業にとって大きなメリットになる、という社会的な土壌ができているのです。これらの中には、日本に支社のある企業もありますが、すべての日本支社に、未だにドメスティック・パートナー制度がありません（二〇〇三年二月現在）。日本以外でも、国や州によっては認められないこともあります。

ドメスティック・パートナー制以外にも、性的指向による差別を禁止したり、企業の中に同性愛者がグループをつくったり、異性愛者の社員に同性愛者への差別や偏見に基づいた行動をとらせないよう、人権啓発活動や社員教育を積極的に取り入れている企業もあります。

アメリカでこうした企業が増えてきたのは、先達《せんだつ》のゲイやレズビアンたちが地道な活動を続けてきた成果であり、差別と闘ってきた歴史があるからこそです。

アメリカのレズビアン&ゲイ解放運動は、アフリカ系の人たちの公民権運動、フェミニズム運動と続く権利獲得の動きの中で、一九六九年から大きなうねりが

権・相続権、などを保障する制度。もともとは、事情があって婚姻届を出せない（出さない）でいる異性愛のカップルを「家族状態の」（ドメスティック）パートナーと認定して救おうというもので、それを同性カップルにも広げていきました。

アメリカでは一九八四年にカリフォルニア州バークリー市議会が採択したのを皮切りに、現在では二〇〇〇を越える民間企業や地方自治体が、この制度を採用しています。

日本で実施しているところは全くありませんが、これからは求める動きが活発化していくでしょう。

ジュディガーランド

一九二二年〜六九年。日本では「オズの魔法使」のドロシー役として知られる、希代のミュージカルスター。本国アメリカでは、ゲイの間で絶大な人気を誇っていました。

始まりました（ヨーロッパも同様の流れの中で運動が起きています）。

同年ニューヨークで、ゲイたちに人気のあったジュディ・ガーランドが亡くなったのを偲《しの》んで「ストーンウォールイン」というバーに集まっていたゲイたちが、当時は恒例《こうれい》となっていた警察の不当な手入れ（いろいろな口実で同性愛者の集まる場所に踏み込み逮捕し、「見せしめ」として新聞に名前と写真を公表した。そのために職を失ったり、居住地にとどまることができなくなったりした）に抵抗したのです。デモや集会は瞬《また》く間《た》に全米に広がりました。

やがて、その運動に、ある発想が力を与えることになりました。ジョージ・ウェインバーグという学者が提案した「ホモフォビア」という言葉（概念）です。同性愛者が差別されるのは、自分たちが悪いのではなくて、それを受け入れない社会の側が、体制を揺るがす同性愛を嫌悪・恐怖しているのだ、という新たな視点が同性愛者を力づけたのです（「ホモフォビア」は、「同性愛恐怖症」または「同性愛嫌悪」と訳されています）。

アメリカでも七〇年代以前は、ゲイやレズビアンが職場の中で公然と差別されることがたくさんありました（現実には今でもあります）。これらは無知と偏見によるものですが、ほとんどの管理職は、同性愛者が職場にいるともめごとが起こって困る、といった意識しか持ち合わせておらず、企業の中で同性愛者を差別する

レズビアン&ゲイスタディーズ
もともとすべての学問や研究は、異性愛中心主義の立場からしか行なわれてきませんでした。そこで、欧米において、公民権運動、フェミニズム、レズビアン／ゲイの解放運動、と続く流れのなかで、七〇年代から当事者の切実な要求に応える学問・研究が行なわれるようになりました。そのような当事者の立場を重視して、レズビアン／ゲイのおかれている状況を改善していくことに資することを意識して行なわれる研究の総称を「レズビアン／ゲイスタディーズ」と言います。さまざまな活動とじゅうぶんな相互交流をし、日常生活を視野に入れて進められるのが特色で、「実践」と「理論」を関連させるという点で、既存の学問の世界に対しても新しい視座を提供しているのです。河口和也／風間孝／キース・ヴィンセント＝共著『ゲイ・スタディーズ』（青土社）が参考になります。

ような問題が起こっても、差別した側が問われるのではなく、差別された同性愛者の側が常に問題視されていたのです。

そのような現実の中で、同性愛者たちは、レズビアン＆ゲイ・スタディーズの力を借りながら、異性愛が絶対で至上のものとなっている社会の構造を知っていきます。その中で、Ｑ４で述べたような、同性愛を治療の対象からはずさせるなどの成果が得られ、学校・企業・公的機関での同性愛者に対する差別の解消が取り組まれていくようになりました。

アメリカで最初のカミングアウトしたゲイの政治家ハーヴェイ・ミルクが、差別的なビール会社のビールをバーから閉め出して謝罪《しゃざい》させたり、逆にゲイ・フレンドリーなリーバイスのジーンズを推奨《すいしょう》したり、といったエピソードが、同性愛者たちの精力的な活動を象徴《しょうちょう》しています。

同性愛者を差別した側の意識を問う、という当たり前のことを企業や社会に認識させるだけでも、血のにじむような長い年月をかけた闘いと努力が必要でした。日本では、ようやく同性愛者の存在が社会に認識され始めたばかりです。しかし、希望はあります。私たち一人ひとりが声を上げ続けていくことによって、世の中は確実に変わっていくからです。

〈簗瀬竜太〉

ハーヴェイ・ミルク

アメリカで最初のカミングアウトしたゲイの政治家です。一九七八年にサンフランシスコの施政執行委員に当選しますが、就任十一カ月目に、私怨と同性愛嫌悪から、ダン・ホワイト（同じ市政執行委員）によって、当時の市長と共に射殺されてしまいます。このミルクの十一カ月間の活動を記録したのが、映画「ハーヴェイミルク」（パンドラ配給）です。

また、ミルクの生涯を綴った「ゲイの市長と呼ばれた男／上巻・下巻」（ランディ・シルツ＝著／草思社）という本も出版されています。

Q22 聖書には「同性愛は罪である」と書かれてあるのでしょうか？

聖書には、同性愛は罪であると書かれていて、厳しく禁じられていると、知り合いの教会の人から聞いたことがあります。その通りなのでしょうか？

聖書には「同性愛」という言葉自体は出てきませんし、「同性愛は罪である」という言葉もありません。にもかかわらずキリスト教会において「聖書に『同性愛は罪である』と書いてある」と語られることがあります。その際、根拠に挙げられるのは「女と寝るように男と寝てはならない」（旧約　レビ記一八章二二節）などの言葉ですが、この言葉を見ても解るように聖書が書かれた時代には「同性愛」という概念《がいねん》がはっきりしていませんでした。

また、今日世界の中にある同性愛を禁止する法律のことを「ソドミー法」と呼ばれることがありますが、この「ソドミー」という言葉は聖書に登場する「ソドム」という町の名前に由来しています。その「ソドム」という町は、これまで「同性愛のために神の怒りを買い、その故に滅ぼされた」と解釈されてきましたが、聖書をよく読んでみるとソドムがなぜ滅ぼされたかについては定かではあり

「同性愛」という概念

わたしたちが現在認識している「同性愛」という概念は近年になって、明らかになってきたものです。旧新約聖書の時代においては、同性間の性行為をおおざっぱに認識していたにすぎないと思われます。聖書の中に、男性間の性行為を表わす言葉はありますが、女性間の性行為を表わす言葉は出てきません。それは、聖書が男性中心の社会間の中で書かれたものであることも影響しています。けれども、今日においては「同性愛」は性行為などの振る舞いや行ないではなく、存在や生き方そのものであることは明らかです。そのよ

ません。少なくとも、同性愛が理由ではないというのが最近の解釈です。

また、新約を見てみても、コリントの信徒への手紙一六章九節などにおいて、「男娼」「男色をする者」と訳されているギリシャ語は、何を指している言葉かわからない言葉です。同性間の性行為を指すギリシャ語は他にあり、もし、同性間の性行為を非難する意図がここにあるならば、それらの言葉を使わないことの方が不自然と考えられます。この二つの言葉は、一五世紀以前には同性愛に関する単語としては訳されてはおらず、同性間の性行為を表わすものと理解されるようになったのは、同性愛を「性的倒錯《せいてきとうさく》」として排除する考え方が定着してからのようです。このことからも、聖書の言葉自体にはそのような意味はないにもかかわらず、解釈の歴史において、ホモフォビック（同性愛嫌悪）な考え方が先行して、解釈されるようになり、その解釈が定着してしまったことが解ります。

つまり、「聖書に『同性愛は罪である』と書いている」というのは、聖書が本来伝えようとしたものではなく、後の時代の人たちのホモフォビックな考えに基づく間違った解釈に過ぎないのです。

聖書を読むときに注意しなければならないことは、聖書の言葉には、それぞれの歴史的な背景があるということです。それらは、特定の時、特定の場所、特定

うな概念は聖書の書かれた時代にはなかったものと思われます。

「ソドム」という町
創世記一九章。

「性的倒錯」
同性愛は「性的倒錯」ではないことは明らかですが、このような誤解がかつてあったためにこの言葉を用いさせていただくことをお許しください。

の状況に生きる特定の人々に宛てて書かれた「神の言葉」なのです。ですから、どのような状況の中で、どのような意図をもって書かれたのかを考えなければ、聖書の言葉は本来の意図から離れてしまいます。また、聖書はそれぞれの物語・教えから成り立っていますので、その物語や教え全体で何を語ろうとしているのかを読みとらなければなりません。ですから、一言だけを取り出して、「聖書にこう書いてある」と語ることは全く意味を持たないことなのです。つまり、字面《じづら》だけをとって「聖書には『同性愛は罪である』と書いてある」と解釈し「同性愛は罪である」と断罪することはできません。

聖書における「罪」とは……

もう一つ気を付けなければならないことは、「罪」という概念についてです。聖書における「罪」というのは、社会的、倫理的なものではなく、神様との関係性を表わすものです。にもかかわらず、イエスの生きた時代にも、社会的、倫理的な価値観と聖書における「罪」を混同し、それによって「罪人」というレッテルを貼《は》られた人たちがいました。そして、今日もなお、そのようなレッテル貼りが行なわれることもあります。ですから、現在の社会においても、「罪」に対する間違った捉え方から「罪でないものを罪」としてしまい、私たちは感じなくて

聖書の言葉の本来の意図

それらの聖書に書かれている言葉が、今日、ここに生きる私たちにとってどのような意味があり、どうして私たちにとって「神の言葉」となりうるのかを解釈する必要があります。

「同性愛は罪である」は間違い

しかも、それらの箇所においても、同性間の性交渉だけを問題にしている訳ではありません。にもかかわらず、その他の事柄は問題にせず、同性愛だけを「聖書に罪と書いてある」として断罪するのは、全くナンセンスです。レビ記やローマの信徒への手紙、コリントの信徒への手紙は、同性間の性交渉を問題にしているのではなく、異教礼拝の神殿祭儀において、異性間及び同性間のセックス・ワークが行なわれていることを批判しているのです。

もよい「罪意識」を抱かされています。そして、多くの人が必要以上に心に傷を負わされているのです。

けれども、イエス・キリストはその間違った捉え方を批判し、社会の価値基準から「罪人」というレッテルを貼られた人たちをそのままの姿で受け入れ、そのレッテルから解放し、その人の命も存在も大切なものであることを伝えようと、命をかけてその時代の社会と闘ったのです。つまり、聖書の目的は、人を罪に定め、裁くことではなく、人をあるがままに受け入れ、愛し、生きる希望を与えることにあるのです。イエス・キリストの十字架は、人を裁くための道具ではなく、わたしたちを罪から解放するための「赦《ゆる》しのしるし」なのです。これらのことから、「聖書には『同性愛は罪である』とは書かれていない」ことが解ります。

〈大月純子〉

罪意識

宗教において、人々を引きつけるために、罪意識や恐怖心を植え付けることがあります。「破壊的カルト」と呼ばれる宗教団体だけではなく、既存のキリスト教会もそのような歩みをしてきたことを振り返り、反省する必要があると思います。

その人の命も存在も大切なもの

聖書では私たち人間は「神のかたちにかたどって創造された」とされています。これは、私たち人間が最も美しい存在であることを表わしています。それはすべての人に言えることで、神の前で美しくない人、神のかたちに創造されていない者など一人も存在しません。

Q23 キリスト教は同性愛を受け入れていますか？

教会へ行くと、同性愛をやめるよう、牧師から諭されるのでしょうか？　そもそも、キリスト教では同性愛のことをどう考えているのでしょうか？

前項で見てきたように、聖書には「同性愛は罪である」と書かれていないにもかかわらず、キリスト教会の中で「同性愛は罪である」と語られることがあるのは事実です。また、教会内外の多くの人に「キリスト教は同性愛を受け入れていない」というイメージを与えてしまっています。

けれども、問題は、聖書やキリスト教の教えそのものではなく、聖書を解釈してきたキリスト教会の歴史の中にあるのです。キリスト教の教えと言われるものも、それぞれの時代の人間によって解釈し、形作られたものです。ですから、キリスト教の教えそのものが同性愛を受け入れないのではなく、キリスト教会の中にあるホモフォビックな感情によるものなのです。

ですから「キリスト教が同性愛を受け入れていない」のではなく、「そこにいるキリスト者の中に同性愛を受け入れることができない人がいる」ということな

キリスト教会
　ここで語る「教会」とは、一つの特定の教会について語っているわけではありません。ここでは一般的な「キリスト教会」を指しています。

のです。もし、「聖書に罪と書いてある」と語るキリスト者がいたら、その人は自分の感情を正当化するために聖書を利用しているに過ぎません。

一つの問題としては、キリスト教会の中に「性」をタブー視する傾向が根強く残っていることが挙げられます。そのため、同性愛だけではなく、様々な性に関わる事柄に関して、きちんと語ってこなかった歴史があり、そのために無知による偏見や差別が根強く残っているのです。それゆえ、今日もなお、教会の中で様々な性にまつわる事柄のために感じなくてもよい「罪意識」を感じさせられ、心に傷を抱えている人が数多くいます。

では、教会は本当に「性」について語ってこなかったのでしょうか？　そうではありません。「性」について語ることを許さない一方で、「性」を「汚れたもの」「マイナスなもの」とするイメージを植え付ける解釈をしてきました。その影響から、教会の中には「同性愛」に関して「理解しなくて良い」「語る必要がない」と思っている人がいることも事実です。実際に教会に行き、牧師に同性愛者であることをカミングアウトすると「祈ってなおしてあげよう」と言って祈られたり、そのままカウンセリングに連れて行かれたりするなどの悲しい出来事が起こっています。けれども、それは牧師や教会関係者の無知・無理解によるものです。

しかし、その一方で「性」について、教会の中でも語っていかなければならな

「性」は「汚れたもの」「マイナスなもの」？

これまで、マグダラのマリアを「遊女」と解釈したり、ルカによる福音書七章に登場する「罪深い女」を「娼婦」と解釈してきましたが、これは全く根拠のないものです。けれども、あえて女性をおとしめるように場面を設定し、そこにもたらされる神の恩寵を強調しようとするという卑劣な解釈がされてきました。このことからも聖書が「男性によって書かれ、男性によって解釈されてきたことがわかります。それに対し、最近では、「女性」の視点や「セクシュアル・マイノリティ」の視点で聖書を読み直すという作業が行なわれています。

いことであり、語ることによって私たち自身が様々な心の傷から解放され、自分らしく生きることができるということに気付き、そのための取り組みも行なわれています。また、同性愛を始めとするセクシュアリティについての理解を深めるための学習や取り組みも行なわれたり、同性愛者の相談に乗っている牧師も増えてきています。

キリスト教と一言で言っても、様々な教派があり、様々な教団組織や団体があり、それぞれの聖書解釈や教義を持っています。ですから、現在もなお、同性愛を受け入れない教派や教団や教会がある一方で、同性愛者も神に選ばれた民であるとして、教会から同性愛者差別を無くしていこうという動きを起こしている教団や教会・教派もありますし、もともとある教派の中でもセクシュアル・マイノリティのグループができています。

また、キリスト教会の中にもたくさんの同性愛者が存在します。中には、自分のセクシュアリティを神様が与えてくださった賜物であるとして受け入れ、そのことの喜びを伝えていきたいと願って、活動をしている人もいます。また、現在日本の中にも、同性愛者をはじめとするセクシュアル・マイノリティのキリスト者のコミュニティもいくつかあり、集会をしたり、聖書の読み直しをしたり、情報交換などの活動が行なわれています。

教会から同性愛者差別を無くそう

日本のプロテスタントの中で最も大きな教団である日本基督教団の総会につぐ議決機関において、一人の議員から一九九八年一月に「同性愛者が牧師になるべきではない」という趣旨の発言がありました。その場ですぐに「差別発言である」という抗議がなされ、その後も各方面から抗議の声があげられていますが、五年経った今もまだ解決はしていません。そのような状況の中で、現在もなお、問題提起者によって問題解決のための取り組みが行なわれています。なお、日本基督教団は合同教会であり、一つ一つの教会が主体性をもっています。教会や教区によっては、同性愛者差別をなくそうという取り組みも行なわれているところも増えてきています。

キリスト教会の中にいるたくさんの同性愛者

よく教会においても社会においても、「私の周りに同性愛者はいない」という言葉を耳にしますが、それは神が求めていることは、自分自身のあり様を否定して、社会の枠組みに自分をはめ込み、苦しみながら生きることではなく、自分自身が神の前で美しい存在であり、神にとってかけがえのない存在であるということを知り、自分自身を受け入れ、愛することなのです。「同性愛」という「性的指向」は本人の意思で選択も変更もできません。しかも、「同性愛」は病気でも「障害」でもありませんから、祈って治るものではありませんし、治す必要もありません。ですから、教会には社会などの価値基準によって自分のセクシュアリティを受け入れることができずに苦しんでいる人の心の傷を共に担い、癒していくことこそが求められています。今日のキリスト教会がしなければならないことは、教会の中に根強く残っている「同性愛」に対する偏見や差別や嫌悪感を無くし、どのようなセクシュアリティであっても、神の前でかけがえのない存在であるという喜びを分かち合っていくことなのです。変わらなければならないのは、「同性愛者」ではなく、「キリスト教会」とそこに生きる一人一人なのです。

〈大月純子〉

「いない」のではなく、「いることに気がついていないだけ」なのです。もしくは、いたとしても、自分が同性愛者であることをカミングアウトできない状況がそこにはあるということです。その一方で教会において、カミングアウトされている人もいます。

セクシュアル・マイノリティのキリスト教のコミュニティ

日本では東京に「キリストの風」集会というグループがあり、月に一度都内の協会を借りて礼拝を行なっています。京都には「信仰とセクシュアリティを考えるキリスト者の会（ＥＣＱＡ）」があり、例会、読書会を行なったり、ニュースレターを発行しています（代表者：堀江有里さん連絡先：〇九〇―一九〇八―二五五三　E-mail：xdyke@anet.ne.jp）。

世界的にはＵＦＭＣＣ（Universal Fellow ship of Metropolitan Community Churches）という教派団体が、最も大きいグループです。

コラム⑤

イラン人のゲイ・シェイダさんの裁判

自らの性的意識が同性に向く人は、どの時代、どの地域にも一定の割合で存在します。この性的指向は可変性の低いものなので、自分の意志で変更することはできません。

「ゲイやレズビアンはアメリカに多いのでは?」「アフリカにはゲイはいない!」などの意見を言う人がいます。どうでしょうか?

これは一定の割合で存在する同性愛者が、自分の気持ちに反して異性愛者のフリをせざるを得ない状況に置かれているのか、それとも自分が同性愛者であることを公表できる環境で生活しているのかなど、その国や地域の置かれた状況によって変わってきます。

世界にはいろいろな国があります。オランダ、ベルギー、フランスなど同性同士のパートナーシップに結婚やそれと同等の権利を認めたり、同性愛者の人権を守ろうと法律や条例、あるいは会社の社則などで定めたりしている国があります。

こうした国々では同性愛者が安心して「自分らしく」生活できる可能性が増えてきます。そうすれば、自分がゲイやレズビアンであると周囲に知らせる人も増えてくるでしょう。

しかし、残念なことに、同性愛を法律で禁止している国もあります。イスラムの国々です。これらの国々では同性愛者への厳しい迫害が続いています。公開処刑や石打ち刑などによる残虐な方法での死刑やむち打ち刑などです。こうした国々に住む同性愛者は、自分が同性に惹かれる、とは決して口にできないでしょう。

例えば、イランでは七九年の革命以降、イスラム教聖職者による支配体制が続いています。同性愛は禁止され、同性間性行為をした者は死刑により罰せられています。現実に八〇年代には四〇〇〇人の同性愛者が処刑されたといわれています。

九一年、こうした迫害を逃れて日本に渡航した一人のイラン人男性がいました。シェイダさんです。彼は難民申請を考えている矢先、「不法滞在」の容疑で逮捕され、茨城県牛久市にある「東日本入国管理センター」に収容されてしまいました。

シェイダさんは、ただちに難民申請を行なうとともに、法務大臣の特別在留許可を求めました。

しかし二〇〇〇年七月、法務省はシェイダさんを難民として認めない決定を行ない、彼に退去強制令書(イランへの強制送還の決定)

を発付してしまいました。

シェイダさんは、法務省の決定を違法として東京地裁に提訴し、同時に裁判所に強制送還の執行の停止を申し立てました。二〇〇〇年九月、裁判所は強制送還の執行停止を決定、シェイダさんは第一審判決までは日本にとどまることができるようになりました。しかし、現在進行中の裁判で難民として認められない場合、シェイダさんはイランへ強制送還されてしまいます。

二〇〇一年十一月、支援者の粘り強い働きかけにより仮放免されるまで、シェイダさんは一年七カ月もの長い間、収容所生活を強いられました。収容所での生活はとてもひどいものだったそうです。まずい食事が毎日続き、満足な医療も与えられず、職員からの暴力もあったそうです。このような状況に置かれ、シェイダさんはやせ細ってしまいました。

今、シェイダさんは多くの仲間に支えられ、在留権を求めて裁判を行なっています。公判日には多くの人が傍聴に詰めかけています。二〇〇三年二月には、アメリカからイラン人人権問題専門家を招へいし、法廷で証人として説得力ある証言を行なうことができました。しかし、日本政府は依然として「迫害の恐れはない」などと、シェイダさんを難民として認めようとしていません。

欧米、オーストラリア、ニュージーランドなどの国々では、アジア、アフリカ、ラテンアメリカの各地から迫害を恐れてきた同性愛者の亡命や難民申請を受け入れています。また、国連で難民問題について取り組んでいるＵＮＨＣＲ（国連難民高等弁務官事務所）も、同性愛者であることを難民となりうる要件の一つとして認めているなど、世界的に見れば、同性愛者の亡命や難民申請を受け入れている方向に動いています。

日本政府もこうしたイスラムの国々の同性愛者が一日もはやく「自分らしく」生きていけるようサポートすることが求められます。

【参考】シェイダさん救援グループ「チームＳ」

http://www.sukotan.com/shayda/shayda_top.html
〈石川大我〉

Q 24 「カミングアウト」ってどういう意味ですか？

このところ、いろいろな機会に「カミングアウト」という言葉を聞きます。秘密の告白って感じに使われていますが、それでいいのでしょうか？

自分へのカミングアウト、他者へのカミングアウト

「カミング・アウト」というのは、自分がゲイ／レズビアンであることを自分以外の人に言い、その人との関係を変えていく〝プロセス〟に対して付けられた言葉です。もともとは、アメリカで〝coming out of the closet〟の短縮形として使われるようになったもので、直訳すれば、「クローゼット（自分が同性愛者であることを周囲に言えないでいる状態）の中から出てくる」といった意味になります。

自分が同性愛者であることを他者に言うためには、まずは自分自身に対するカミングアウトが必要です。自分は何者なのかを自分に問いかけ、自己否定の状態から、同性に魅かれる自分を認め、そして受け入れるという作業です。人はみな異性を好きにならなければならず、なおかつ同性を好きになるなんておかしいという偏見が、まだまだたくさん残っている世の中ですから、他者にカミングアウ

秘密の告白ではない

最近のテレビ番組などでは、自分が秘密にしていることを告白するのに「カミングアウト」という言葉がよく使われています。しかし、カミングアウトは単なる「秘密の告白」ではありません。カミングアウトしたことによって相手との関係性を変えていくことまでを含む「プロセス」に対して付けられた言葉です。

トをするためには、自己受容《じこじゅよう》という過程は避けて通ることができません。

どうして隠れているんですか？

私たちはよく「もっとたくさんの人がカミングアウトすれば、差別とか偏見も少なくなると思うのに、どうして同性愛の人たちは隠れているんですか？」という質問をされることがあります。カミングアウトしても同性愛嫌悪が突き刺さってこない世の中であれば、それも可能でしょう。しかし、世の中にはまだまだ多くの偏見があり、なおかつ当事者の中にも、自己否定感が埋め込まれてしまっています。自分で自分のことを悪いと思っている状態では、自分が同性愛者であることは人には言えません。カミングアウトしたことで、相手から否定される場合もありますから、その時に自分で自分を守ることができず、大きなダメージを受ける可能性もあります。

カミングアウトした後の環境の変化に直面するのは、本人自身です。その変化が当事者にとって良いものであろうと悪いものであろうと、本人以外に責任を取ってくれる人はいません。ですから、カミングアウトするかしないかは、本人が決めるべきことです。カミングアウトしたことで、相手との関係がより親密になることもあれば、相手の同性愛嫌悪が強くて、関係が壊れることもあります。自

カミングアウト・エッセイ

『ボクの彼氏はどこにいる？』（石川大我＝著／講談社）

『先生のレズビアン宣言』（池田久美子＝著／かもがわ出版）

分が同性愛者であることを受け入れた上で、カミングアウトをすることによるリスクとメリットを考えながら、最終的には自分が決めるしかないでしょう。

カミングアウトを「するべきか」「するべきでないか」、という二者択一な議論は、あまり意味がありません。自分の生活圏の中で、自分が同性愛者でいられる時間と範囲をどれくらい作りたいのか、誰と作りたいのか、それが今の自分にとって、どこならば可能性があって、どこでは可能性が低いのか、ということを自分自身に問いかけていけば、カミングアウトに対する答えは自然に導き出せるのではないでしょうか。その答えは決してひとつではなく、同性愛者の数だけある、と言ってもいいでしょう。また、その一人ひとりの答えは、固定しているわけではなく、それぞれの人生の揺らぎと共に、常に変化してもいるのです。

どうして個人的なことを言うのですか？

私たち同性愛者は「もっとカミングアウトすればいいのに」と言われる一方で、「ゲイとかレズビアンとか、どうしてわざわざ個人的なことを言うの」と言われることもあります。まさにダブルバインドですね。

自分が、「同性」が好きか「異性」が好きかというのは、本来は個人的なことです。ですから、言いたくなければ誰に言う必要もありません。ただし、それに

ダブルバインド

相矛盾する二つのメッセージを同時に受け、混乱した状態におかれることを言います。もともとは、分裂病を理解するために提示された心理学の用語でしたが、今では広く一般的に使われるようになりました。

は「その個人的なことに対して誰も口を挟まない世の中であるならば」という条件が付きます。

しかし、これまで何度も述べてきたとおり、私たちが生きているこの異性愛中心の社会では、当事者がカミングアウトしない限り、人はみな「異性愛者」ということにされてしまいます。それは、誰が誰を好きになるか、その相手が「異性」か「同性」かというプライベートな事柄に対して、社会が有形無形の圧力をかけていることの裏返しです。だまっていると、本来の（同性愛者の）自分ではなく、別の（異性愛者の）自分として見られ、振る舞うことを要求されるわけですから、「同性が好きであること」という個人的な問題を、あえて「言う」ことを選択する人がいるのは当然でしょう。

カミングアウトは社会的な行為

同性愛者にとってカミングアウトというのは、他者から異性愛者として見られ、自身も異性愛者として他者と接していた状態から、同性愛者として見られ同性愛者として接していく状態へと変化することでもあります。その変化は、カミングアウトをした同性愛者にとって、あるいはカミングアウトをされた異性愛者にとっても、劇的な関係性の変化をもたらすことがあります。カミングアウトは、相手の無関心によって再びクローゼットに押し戻されることがなければ、当事者本人を取り巻く「世間」を揺るがす、社会的な行為でもあるのです。

私は二〇代の後半に姉にカミングアウトをし、三〇代の前半に、両親にカミングアウトをしました。同性に魅かれる自分というものを完全に受け入れていたわけではありませんから、かなり緊張しながらのカミングアウトでした。姉は「あなたがどうして彼女をつくろうとしないのか、ずっと不思議だった。何かに悩んでいるとは思っていたけど、それがわかってすごく安心した。言ってくれてありがとう」と言ってくれました。幸いなことに、私の両親も、同性愛を否定することなく「何も悪いことなんかしていないんだから、胸を張って生きていきなさい」と励ましてくれました（これはあくまでも私の事例です。中には家族にカミングアウトしたことで、家を追い出されたり、親に神経科に連れて行かれたりするケースもあります）。

カミングアウト後の私は、それまで母や姉からは「彼女いないの？」とか「あんたが結婚したら……」といった話題を向けられるたびに感じていたプレッシャーから解放されて、ずいぶんと気が楽になりました。しかし、カミングアウトをしたらそれで終わりというわけではありません。それまでの私は異性愛者として家族と関わり、家族も私を異性愛者だと思って接してきました。それがカミングアウト以降は、同性愛者として振る舞い、家族も新しい私（同性愛者の私）と関わらなければいけないわけですから、カミングアウトはむしろお互いが新しい関係性を築くための出発点となりました。家の中で交わされる会話に、人がみな異性愛であることを前提にしたものは、なくなりました。それは家族にとっても新鮮な驚きだったようです。姉とは、好きなタイプの男の話もするようになりましたし、誰かが同性愛について偏見に基づいた発言をした場合には、お互いに感情表現も含むやりとりをしながら、わかり合っていきました。そうした過程を経て、今では、家族の中で私が同性愛者であることは、当たり前になりました。

そして私は思うのです。本来ならば、異性愛者がそうであるように、同性愛者の誰もが、自分が同性に魅かれることに気づく思春期から、家の中でも、学校でも、安心して本当の自分でいられるべきなのだと。そして、それは当然の権利なのだと。

〈簗瀬竜太〉

プロブレムQ&A

V 法的な差別をどう変えるか

Q25 同性愛って人権の問題なのですか？

日本の法律では、同性愛について何かふれられているのでしょうか。禁止されているのでしょうか？　それとも、許されているのでしょうか？

人権とは何でしょう。

ある人が生まれ育ち生きていくとき、その人が人間らしく、生き生きと楽しく人生を送ることはとても大切なことです。このために必要で不可欠な権利、これが人権といえるのではないでしょうか。いくつか例をあげてみましょう。いろいろなことを学び、知識を得ること（教育を受ける権利）。あれこれ考え、（思想良心の自由）それを発表すること（表現の自由）。自分たちの代表を決めたり、みずから政治に参加する権利（参政権）、裁判を受ける権利なども人権です。

では、これら憲法に個別に掲《かか》げられたものだけが人権なのでしょうか。

憲法は一三条で「すべて国民は、個人として尊重される」と言っています。幸福追求権です。人権とは、その人が人間らしく、生き生きと楽しく人生を送るために必要不可欠な権利ですから、このための権利は、すべてこの十三条で保障さ

憲法第一三条
「すべて国民は、個人として尊重される。生命、自由及び幸福追求に対する国民の権利については、公共の福祉に反しない限り、立法その他国政の上で、最大の尊重を必要とする」

れる人権であると言えます。
さて、同性愛者の人権というと、イメージしづらいかもしれません。では、「あなたがあなたらしく生きていくために必要不可欠な権利」と考えてみてはどうでしょう。随分《ずいぶん》と人権をイメージしやすくなったのではないでしょうか。同性愛者は「自分らしく」生きることができているでしょうか。

多くの同性愛者が自分の気持ちは同性に向くと気付く思春期。同性愛が異常でも何でもなく、多様な人間の性の一形態にすぎない、といった正確な情報を得ることは人間としての成長に極めて不可欠なものです。

しかし、学校教育ではほとんど同性愛について触れられていません。それどころか、教員や友人などから否定的な言動を浴びせられることも少なくありません。こうした環境の中で同性愛者は「自分らしく」生きることができるでしょうか。

人間にとって、極めて重要な感情である恋愛も、同性同士だと保障されない権利がたくさんあります。結婚をはじめ、病院での面会、相続、公営住宅への入居、などなど。同性愛者が「自分らしく」生きていこうとすると様々な困難に直面します。これらはまさに人権の問題と言えるでしょう。

パートナーシップについて憲法の側面から詳しく見てみたいと思います。二四条は「婚姻は両性の合意に基づき」と定めています。では、この規定により、日

同性愛者の学習権

教育を受ける権利は、「教育を受け学習して人間として成長・発達していく権利」＝「学習権」としてとらえることができます。同性愛者が学校教育の中で同性愛に関する正確な情報を享受できないのは、学習権の明らかな侵害でしょう。

本で同性婚法を制定するのは不可能でしょうか。

戦前の日本では、女性の気持ちに関係なく、結婚が決められてしまうことも多かったと言います。二四条の趣旨《しゅし》は、お互いが対等の立場で婚姻関係を結びなさい、ということであると言えます。だとするならは、この条文で同性同士の婚姻を禁止している、と考える必要はないでしょう。

それよりも、幸福追求権を定めた一三条により、むしろ積極的に同性同士のパートナーシップは認められるべきだといえます。

別の角度から見てみましょう。憲法は一四条で「法の下の平等」を定めています。これは、人間は生まれながらにして価値が平等なのだから、それに基づく異なった取り扱いはやめよう、というものです。

一四条に定める「人種、信条、性別、社会的身分又は門地」による異なった取り扱いは、それ自体許されないものです。民主主義の最低限のルールである信条の自由を除けば、どれも自分の意思では変えることのできない先天的な条件だからです。これに基づく異なった取り扱いは絶対的に禁止されます。

同性愛者であることが「社会的身分」に該当するならば、同性愛者であることによる異なった取り扱いは絶対的に許されません。

ここで、一体、「社会的身分」とは、ということが問題になるのですが、多数

憲法第二四条

一項

「婚姻は、両性の合意にのみ基づいて成立し、夫婦が同等の権利を有することを基本として、相互の協力により、維持されなければならない」

二項

「配偶者の選択、財産権、相続、住居の選定、離婚並びに婚姻及び家族に関するその他の事項に関しては、法律は、個人の尊厳と両性の本質的平等に立脚して、制定されなければならない」

憲法第一四条

一項

「すべて国民は、法の下に平等であって、人種、信条、性別、社会的身分又は門地により、政治的、経済的又は社会的関係において、差別されない」

派の考え方に従うと、自分の意思によっては離れることができず、しかも社会的評価を伴う継続的地位、となります。

どちらの性を性的愛情の対象とするか、という性的指向は自分の意思で変えることは極めて困難です。そして、異性愛であるか同性愛であるか、ということは、社会的評価の対象となりますから、同性愛者であることは一四条に挙げられている「社会的身分」に該当すると言うことは可能なのではないでしょうか。

とすると、同性愛者、異性愛者で異なった取り扱いをする法律、たとえば同性同士のパートナーシップを保障していない現在の日本の状況やそれに付随する様々な法律は「平等原則」という側面からも早急に改善されなければならないと考えられます。

しかし、残念ながら現在の日本には、同性愛者を保護する法律はありません。

近年、東京都をはじめ、いくつかの都道府県が策定している「人権施策推進のための指針」に同性愛者に関する記述が入りました。当事者団体をはじめとする様々な団体、個人の粘り強い働きかけによる成果と言えるでしょう。また、現在審議中の「人権擁護法案」では、同性愛者への差別が積極的救済の対象とされるなど、同性愛者の問題を「人権」として捉える必要性は益々高まっています。

〈石川大我〉

参考文献

『全訂 憲法学教室』（浦部法穂・日本評論社）『憲法』（辻村みよ子・日本評論社）『性の法律学』（角田由紀子・有斐閣選書）『あれも家族これも家族』（福島瑞穂・岩波書店）『基本的人権の事件簿』（赤坂正浩ほか・有斐閣選書）

コラム⑥

府中青年の家裁判

同性愛者の「人権」問題を語る上で欠かせないのが、動くゲイとレズビアンの会（NPO法人アカー、以下「アカー」と略）によって担われた、「府中青年の家」の宿泊利用をめぐる裁判です。

宿泊利用者からのいやがらせ

アカーは、一九九〇年二月、学習会をするために、東京都府中市にある「府中青年の家」を宿泊利用しました。アカーは、事前に議論を重ねた末、「いつも団体名を無難なものにして利用するのはもういやだ」と、同性愛者の団体だということを明らかにして利用することに決めました。青年の家のリーダー会（その日利用する団体の代表者が集まって、各団体の活動内容をお互いに紹介する）で、「私たちの団体は、同性愛者どうしお互いに助け合いながら、同性愛に関する正確な知識・情報を広め、社会的な差別や偏見をなくすための活動を行なっています」と活動内容をきちんと自己紹介したのです。

すると、その夜から、アカーのメンバーたちは、他の宿泊利用者から、浴室をのぞきこまれて笑われたり、「こいつらホモなんだよな」「またオカマがいた」などの言葉を食堂や廊下などで浴びせられるなどのいやがらせを受けました。

宿泊利用拒否を訴える

アカーのメンバーは、青年の家側に宿泊者全体での話し合いを要求しましたが、不十分な会しか開かれず、青年の家の所長との話し合いも拒否されたばかりか、事件後改めて申し込んだ五月の宿泊利用まで拒否されてしまいました。

アカーのメンバーは弁護士を通じて、東京都教育委員会に請願したところ、教育委員会は、「青年の家には、健全に使ってもらうために男女別室ルールというものがある。同性愛者が宿泊利用すると、同室に泊まった者同士がセックスをする可能性があるから、同性愛者の宿泊利用は認められない」という結論を出してしまったのです。この結論を認めるわけにはいかないと考えたアカーのメンバーは、信頼出来る弁護士の協力も得て、一九九一年二月、東京都に対して損害賠償を求めるという形で裁判を起こし、同性愛者の青年の家宿泊利用の是非を問うことにしました。

東京都の言い分は、偏見に満ち、少数者への配慮に全く欠けるものでした。即ち①同性愛者を同室に宿泊させると性行為が行なわれる可能性がある（だから男女別室にしている）、②他の青少年が性行為を目撃、あるいは想像することにより健全な成長がそこなわれる、③他の青少年が同性愛者に対して嫌がらせなどをする恐れがある、などです。

地道な反論と活動

アカーは、こうした立論を地道に論破していくばかりでなく、同性愛を「異常」「変態」「倒錯」と書いてある辞事典の記述の改訂や、文部省の『生徒の問題行動に関する基礎資料』で同性愛を性非行としている部分の見直しを約束させること（一九九四年十月に削除された）などに力を注ぎ、裁判をめぐる状況を変えていきました。

また、海外の同性愛者との積極的な交流の中から、当時サンフランシスコの教育委員長をしていたトム・アミアーノ氏（同性愛者。同市の同性愛者の生徒へのサポートサービスの推進者。二〇〇三年現在同市の市政執行委員として活躍中）に証言台に立ってもらい「青年の家でセックスをするな、というルールだけあればじゅうぶんで、それでこちらではうまくいっている」という発言を引き出しています。

さらに全国の青年の家を電話で調査し、家族なら男女を同室に泊めるところ、部屋割りは宿泊団体に完全に任せるところなど、男女別室ルールが東京都が言うように絶対不変でないことを証明したりもしています。「裁判みたいな過激なことをしなくても……」という声は、同性愛者自身からもありましたが、実際は過激どころか、こうした地に足のついた活動の積み重ねを行なってきたのです。

一審勝訴

そして、一九九四年の三月三十日、東京地裁は、①は、性行為を行なう「具体的」な可能性がなければ利用を拒否できない。アカーにそういう可能性はない、として退け、②も目撃する可能性は低く、想像しても有害ではない、と認められず、③に至っては、嫌がらせをする側に対する利用拒否の理由になるだけであると、東京都の主張をことごとく退け、憲法二〇条の学習権、二一条の集会の自由が侵害されており、利用拒否を違法とするアカー側の勝訴判決を出しました。

注目すべきは、判決文の中に、異例とも言える「同性愛、同性愛者について」という章が設けられ、同性愛に対し「人間が有する性的指向の一つであって、性的意識が同性に向かうものである」と公的に初めて価値中立的で偏見を含まない定義が与えられた点です。続けて、サンフランシスコを含む世界の情勢や、同性愛者は孤立し抑圧されていたこと（つまり現実に差別があるということ）までがきちんと記されているのは、画期的でした。

しかし、東京都側はこの判決を不服として控訴し、新たに「青年の家に同性愛者がいること自体、他の青少年に悪い影響を与える」などという、同性愛（者）を否定する論理を持ち出して来ました。アカー側も、同性愛者の宿泊を認めている青年の家を利用して、何もトラブルが起こらなかったという事実を証拠として提出するなどの攻防（この過程で、すこたん企画が中学・高校で行なった同性愛の授業が、中高生にも同性愛は十分理解できる証拠として、その他の性教育実践とともに提出されました）があり、第二審は、一審より半年も長くかかりました。

歴史的な高裁判決

そして、一九九七年九月十六日、一審以上に東京都の「過失」を認めた画期的な判決がおりました。判決では、東京都がアカーに対して府中青年の家の宿泊を拒否したことは、全くの違法であると断言し、東京都の主張はことごとく却下されました。アカーの実質全面勝訴です。

東京都が「青年の家」は「教育施設」だから「男女別室ルール」を適用して「宿泊は認められない」と主張したことに対しては、「異性愛者のためのルールを機械的に適用するのは誤り」で、「著しく不合理で不当な差別的とりあつかい」で「同性愛者の利用権を制限するのは違法」だとしています。そればかりか、「男女別室ルール」自体も「そもそも利用者が性行為に及ぶ可能性は少ない」「利用者の自覚に期待するだけで、効果は疑問だ」などと、「一般的に貫徹すべきルールではない」と、その存在そのものに疑義をさしはさんでいます。一審では「性行為に及ぶ具体的可能性」がないから違法、としていたのに比べると、とにかく宿泊させないことは違法とする一審よりも大きく踏み込んで前進した判断になっているのです。

問われた行政の責任

さらに、東京都が「九〇年当時は正確な知識」がなかったので「拒否判断は仕方がなかった」とした点については、きっぱりと

「行政当局としては、少数者である同性愛者を視野に入れたきめの細かい配慮が必要で、同性愛者の権利・利益を考えなければならない。そうした点に無関心であったり、知識がないということは、公権力の行使者として、当時も今も許されることではない」と述べています。裁判の判決で行政に対してここまで批判したものは、日本では、極めて珍しく、こういった視点は、同性愛者のみならず、他のマイノリティにも当てはまるはずで、大きな意味を持つ判決だと考えられます。

その他、二審で東京都が新たに持ち出したことについてもことごとく退けています。「（宿泊利用ではなく）日帰りの利用でいいのでは」に対しては、「宿泊利用してこその青年の家」なのだから「そんなことは言えない」。「小中学生が同性愛者と一緒にいると悪影響を受ける」に対しては、「小中学生が同性愛者と一緒にいても、職員は十分に対応できる」。そして、「教育施設だからと言って、青年の家の管理者に大幅な裁量権はない（要するに同性愛者を排除する権利はない）」と言い切っています。

全体として、アカーの七年半の地道な努力が実を結んだ価値ある判決で、東京都も最高裁への上告を断念し、同年九月三十日に判決が確定しました。この判決の大きな意義を広め、実際的な適用を求めていきたいものです。

〈伊藤　悟〉

アカーの裁判を担った中心メンバーの青春をドキュメンタリーとして描いたルポルタージュの秀作。

『もうひとつの青春　同性愛者たち』（井田真木子＝著／文春文庫）

Q26 日本では同性愛者は結婚できますか？ またそれに代わる制度がありますか？

同性同士愛し合っていたら、結婚を考えると思うのですが、日本では、結婚できるのでしょうか？ あるいは、それに近い制度でもあるのでしょうか？

従来、結婚というのは異性である男女間でするものと考えられてきたわけですが、男同士、女同士であってもお互いの深い愛情と絆《きずな》で結ばれて、長年に渡るパートナーシップや家族関係を営んでいる同性愛者のカップルは数多く存在します。しかしながら、そういった同性愛者のカップルを保護するための法律や制度は日本にはありません。一方、海外に目を向けると、諸外国において同性婚や同性同士のパートナーシップの権利を認める制度や法律が次々と制定がされてきています。そこにはパートナーシップや家族関係を育《はぐく》むことに性別で区別をすることは、人権の問題として同性愛者を差別していることになると判断される社会的な背景が見えてきます。

現在の日本では、同性カップルの権利を少しでも保護する策として、「養子縁《ようしえん》組《ぐみ》を結ぶこと」や「公正証書を作成する」という選択肢《せんたくし》があげられます。どちらもすべての権利を補うことにはなりませんが、現状でできることとして利用されています。

養子縁組とは何でしょうか？

日本では成人している日本人同士の場合には、簡単に養子縁組をして親子関係を結ぶことができます。この場合、一日でも早く生まれた年長者が養親になります。若輩者《じゃくはい》は養子となり姓（苗字）が養親と同じになります。養子縁組は同性カップルに「結婚」に近い意味合いのひとつとして利用されてきたりしました。ただ、実質的にはパートナーであっても、法律上、二人は〝養親〟と〝養子〟であり、そこには「親子関係」が成り立つことになります。そのため、同性同士のカップルとしての関係性やパートナーシップ像が見えにくい、見えてこないなどの問題点はありますが、「親子」として法的な保護を受けることはできます。相続や扶養《ふよう》、パートナーの入院や介護など、差し迫った状況がある場合には有効な方法になっています。しかし現在の法律では、いったん養子縁組を結んでしまうと、たとえその後に解消したとしても、養親子であった者同士は結婚できないとされています。ですからもし日本で将来、同性婚などの法律が制定された時、養子縁組からスライドすることができないという問題が起きてくると考えられます。

二〇〇二年九月八日のパレードで、パートナー法を求めるプラカードを持つレズビアンたち

公正証書とは何でしょうか？

公正証書《こうせいしょうしょ》とは公証人役場《こうしょうにんやくば》というところで、法規に基づいて作成し登録をする証書のことです。様々な契約書や遺言書などを公正証書にすることによって、一般の文書よりも証明力の高いものにすることができます。

同性カップルの場合、どちらかが病気になったり入院する時に予想される、面会や介護、治療方法をどうするか、誰に委ねるかといった生活面での権利について証書に組み込んだり、自分個人の財産やパートナーと共有している財産の配分についての取り決めなどを証書に残すことができます。ただし、様々な局面すべてにおいて公正証書が有効であるかどうかは、まだ未知数でわかりません。その時々に公正証書を基にどのような交渉をするか、できるかによって左右されてくると考えられています。そういった交渉の際には自分達の関係性をきちんと説明しなければならない場面が大いに予想され、場合によっては同性愛者のカップルであるとカミングアウトすることも必要となることもあり得るのです。

このように養子縁組も公正証書も一長一短で万能ではありませんし、使い勝手に様々な問題もあります。日本でもそういった状況を変えていきたいという思い

外国での同性婚を認めない日本

「日本人が海外で外国人と結婚する場合、未婚を証明する書類（通常は重婚を防ぐためと考えられている）を現地に提出しなければならないが、『同性結婚の場合は発行しないように』と、法務省が関係機関に通達していたことがわかった。二〇〇二年五月に同性婚が認められている国の国籍の外国人と海外で結婚する目的で取得した例が一件確認されたためだという」。

（二〇〇二年八月十七日付『毎日新聞』より）

つまり、日本国籍を持つものは同性婚が認められているどんな国の同性パートナーとも結婚することはできない、許されないという現状が大きな問題のひとつとしてあげられます。

から、同性婚やドメスティックパートナー制度の可能性を考えるグループがあります。また同性愛者のコミュニティ内でも勉強会や意見交換なども活発に行なわれるようなってきています。

もしこのような制度や法律が制定されれば、日本にも同性愛者は存在しているのだという社会的認知につながり、同性愛者が住みやすい社会へと大きく前進することになります。日本でそのような制度や法律などが出来るわけがない、無理に決まっていると誰もが最初からそう思ってしまったら、いつまでたっても実現などできないでしょう。諸外国の現状を見る限り、決して不可能であると断言することはできないはずです。制度や法律を望んでいる同性愛者は大勢いるわけですから、近い将来、日本でもそんな日が来るという大きな希望を持っていきたいものです。

〈大江千束・小川葉子〉

ＤＰ法／同性婚の可能性を考える女性の会

二〇〇二年五月発足。

http://www.geocities.co.jp/Milkyway-Gemini/2222/index.html

Q27 同性愛者の結婚を認めている国はありますか？

外国では、同性同士が結婚式を挙げている、というニュースをテレビで見たことがあります。各国の制度は、それぞれどうなっているのですか？

海外では同性婚、同性間の結婚に準じるパートナーシップ制度や法律の制定が次々となされてきています。その背景には、人権問題として同性愛者に何らかの権利や保証が無いのは、性差別に値することであるという意識があったり、企業がよりよい人材を確保するために同性愛者に対する福利厚生等の見直しを進めたり、また政治家など表舞台に立ち発言力のある人たちが同性愛者であることを公にして活動していることなどがあります。もちろん当事者の草の根的な活動や、今や各国や各都市で開催されている、レズビアン&ゲイパレードなども同性愛者の社会的認知に大いに貢献《こうけん》しています。いずれにしてもここ十数年の目覚ましい動きは、まさに時代が動いているかのように思われます。

一九九一年、アメリカ・ハワイ州では同性カップルが結婚証明書の発行を拒否されたことから、州を相手に訴えを起こしました。このニュースは、当時の日本の同性愛者間でも話題になりました。この裁判では一九九六年十二月に、結婚証明書の発行拒否は性差別を禁じた憲法に違反するものであるとするホノルル地裁の判決が下されました。しかし、ハワイ州政府は同性婚を州憲法として禁止する法を一九九八年十一月に成立させています。これ以降、アメリカでは各州において、次々と「同性結婚禁止法」が制定されていきました。

またバーモント州でも、同性カップルが「同性間の結婚を認めないのは性差別である」との訴えを起こし、一九九九年十二月に「同性同士のカップルにも異性同士のカップルが結婚した場合とまったく同じ権利を与えなければならない」という州最高裁の判決が下されました。

判決後に「同性結婚禁止法」が制定されてしまったハワイ州のケースと大きく異なる点は、バーモント州では二〇〇〇年に独自の「シビル・ユニオン法」が制定され、アメリカで初めて同性愛者のカップルに結婚と同等の利益と保護を認めることになったのです。アメリカの多くの州で「同性結婚禁止法」が制定されている一方、同性カップルのパートナーに対して、財産の相続や介護する権利などが認められるなど、同性カップルの権利の拡大が計られてきてもいます。州ではありませんが、ニューヨーク市などでは市のレベルで同性カップルの登録制度の

シビルユニオン法
「民法上の内縁関係」として、同性カップルに法的な地位を認めるもの。ただし、結婚や婚姻という定義を用いることはできません。

導入があるところもあります。

ヨーロッパでは、デンマークで一九八九年十月に同性同士の登録パートナーシップ制度（ドメスティックパートナー制度）が施行されました。デンマークに続きノルウェー、スウェーデン、アイスランドと、北欧では次々に同性間の登録パートナーシップ制度の制定がなされています。

オランダでは、一九九八年から登録パートナーシップ制度を導入してきましたが、二〇〇一年四月に世界で初めて同性愛者の婚姻制度、すなわち婚姻に関する性別の記述を撤廃し、異性、同性のカップル差別を無くした制度を導入しました。このことは同性愛者の間で大きな話題となりました。同性愛者のカップルの中には「オランダに移住したい」などの発言も聞かれ、関心の高さが伺えました。

一方、事実婚の事例が多く見られるフランスでは、ＰＡＣＳ（市民連帯契約法）法が一九九九年に施行されています。ＰＡＣＳ法は異性、同性を問わずカップルであることを登録すれば（裁判所にて）、財産の共有や税金の控除《こうじょ》などの認定が相互扶助《そうごふじょ》を義務とした上で認められます。

欧米圏以外の国では、オーストラリアにおいて、ほとんどの州で異性間と同等の権利が認められるようになっています。カナダやブラジルでも一部の州において同様のようです。

同性婚やパートナーシップ法／制度について世界での動向（二〇〇三年二月現在）

◆婚姻（同性婚）制度がある国や州

婚姻（異性、同性といった性別の枠を撤廃）……オランダ

結婚制度（従来ある異性間とは別に、同性間のみで成立）……ドイツ、ベルギー、ハンガリー、バーモント州（アメリカ合衆国）など

◆登録パートナーシップ(ドメスティックパートナー)法／制度のある国や州、市

同性、異性間を問わずに登録できる……フランス（市民連帯契約法／ＰＡＣＳ）

同性間のパートナーシップ法制度……デンマーク、ノルウェー、スウェーデン、アイスランド、グリーンランド、フィンランド、スイス、ポルトガル、カナダ（ケベック州・ノバスコシア州）、ブラジル（サンパウロ州）、スペイン（カタロニア州他）、アメリカ合衆国（カリフォルニア州・ハワイ州・ニューヨーク

このように、国や州、市によって取り扱いに違いはあっても、ここ数年の間に次々と、着々と各国で同性カップルを保護する権利や制度が認められてきているのです。日本では、このような法律や制度の実現など、できるわけがないとの諦《あきら》めの様相が色濃かったのですが、諸外国でのこういった躍進《やくしん》は、日本の同性愛者にも強い刺激となっています。当事者が最初から諦《あきら》めてしまっていては、そこから前進は望めませんし何も生まれてきません。少しずつではありますが、日本でも同性愛者のための法や制度の整備を望み、実現に向けて動き始めているグループも出てきました。同性婚やパートナーシップ法が出来ることによって、同性愛者の社会的認知にもつながります。異性愛者のカップルと同様に、同性愛者もパートナーとの関係性をしっかりと守りたいと考えているのです。

〈大江千束・小川葉子〉

市)、オーストラリア(ビクトリア州他)

ひとくちに、同性婚、パートナーシップ法制度といっても、国や州での事情や取り扱いは様々です。またこうしている間にも、各国や州、市において、次々と同様の制度が制定されつつあります。

Q28 同性愛者であっても子育てはできるのですか？

子どもを育てるのには、母親と父親が必要不可欠だと思います。同性カップルが、子どもを育てることができるとはとても考えられないのですが？

結婚していて子どものいる夫婦には、その子どもの養育義務や親権が生じますが、同性同士のカップルの双方が親権を持って子育てすることはできません。しかし現実には、子育てをしている同性愛者もたくさん存在します。どのような状況で子育てをしているのかなど、人によってそのライフスタイルは様々ですが、子育てに至るまでの状況としてレズビアンの場合には次のような事例が上げられます。

・結婚をしていた時に子どもを生んでいる。今は離婚をして子どもを引き取り自分が育てている。（結婚歴がある女性同士のカップルで双方に子どもがいる場合もあります）

・パートナーに結婚歴があり子どもがいる。パートナーが離婚をして引き取った子どもと共に同居生活をしていて子育てにも関わっている。

・シングルマザーとして子育てをしている。

・パートナーがシングルマザーである。自分も子育てに参加している。

欧米では人工授精によって出産をするレズビアンも多く存在しますが、日本のレズビアンの中ではまだあまり聞くことはありません。また近年、欧米では出産や子育てに関して、ゲイやレズビアンのコミュニティ内で話題に上ることが非常に多いそうです。同性愛者でも異性愛者と何ら変わることなく子育てに関心を持っている人たちがいることがわかります。その背景には、同性婚などの法律があり異性愛者と同様に子育てや養子を迎えることのできる土壌があることも大きいようです。そして子育てをいろいろな形で支援する社会であるかどうか、福祉のサービス等が充実しているかどうかということも、欧米と日本の同性愛者の子育てに対する意識の差となって現われているのかもしれません。

日本では成人している者同士であれば、簡単に養子縁組を結ぶことができ、養親子の関係が成立します。しかし未成年者を養子に迎える場合には〝配偶者とともに〟縁組をすることが好ましいと考えられています。また十五歳未満の者を養子に迎える場合、家庭裁判所の許可が必要となります。

さらに、一九九八年には「特別養子制度」が作られました。これは子どもの利益のため、子どもに温かい家庭を与えてその健全な育成を図ることを徹底する目的で導入された制度であり、成立要件は次のとおりです。

人工授精によって出産をしようとするレズビアンを描いた映画

『ウーマン・ラブ・ウーマン』（二〇〇〇年、米）

六〇年代、七〇年代、現代の各時代別に映された三話のオムニバス。現代編では、レズビアンカップルが人工授精で子どもをもうけようとする姿がコミカルに描かれています。シャロン・ストーンがレズビアン役を好演。共演のエレン・デジュネレスは、自身がレズビアンであることをカミングアウトしています。

(1) 養親となる者は二十五歳以上の者で夫婦で共同縁組をしなければならない。独身では養親になれない。

(2) 養子は原則として六歳未満の者で、幼児から実子同様に育てることを要件としている。

(3) 実父・母の同意があること。

(4) 子供の利益のため特に必要があると認められること。

以上の要件の有無の判断は家庭裁判所が行ない、家庭裁判所の厳しい審判があって、初めて特別養子縁組が成立します。そのため実際には、未婚者である者が幼児の養子を迎えるのは非常に難しい状況となっています。

一方では、ゲイとレズビアンのシングル同士やカップル同士が共同して、子育てをしていくことを考えているという話しも聞かれます。またゲイとレズビアンの組み合せにこだわらず複数の友人や仲間に支えられて子育てをしていくという考え方も見受けられます。これはその親子をサポートすることで、自らが子育てに参加している意識を強く持つことができるというものなのですが、現実にはまだまだそのような形での子育ては少ないのです。

残念なことですが、同性愛者であるかどうかは関係なく、未だに世間ではシングル（未婚者）の女性が出産し子育てをすることに対しての偏見が根強く残って

新たな家族の可能性をさぐる話題の日本映画

映画『ハッシュ！』二〇〇一年日本

橋口亮輔　監督作品／主演：田辺誠一、高橋和也、片岡礼子

ゲイカップルと子どもを持ちたい女性の三人がおりなす新たな家族の形を模索していくドラマで、封切後、大変な反響を呼んだ作品です。

増える同性カップル世帯

カナダでは二〇〇一年の国税調査で家族世帯の三％が同性カップル世帯であったことを発表しました。また女性同士のカップルのおよそ一五％が子どもを持っていました。男性同士のカップルでは三％でした。

いることも事実です。それは出産や子育ては、結婚している男女の家庭でしていくべきものという考えが社会に定着してしまっているからであると思われます。また、子どもの親である同性愛者がカミングアウトをして子育てをしていく場合、その子どもが学校で理不尽《りふじん》な〝いじめ〟に合ってしまうのではないか、といったことを危惧《きぐ》する人たちもいます。現代では家族の形態は、ますます多様化していますし、親子関係や家族関係も決してひと括《くく》りにできるほど単純なものではなく、いろいろな形があることを、そしてその現実を社会が受け入れていくことが望まれます。

学校で発生しうる問題についても、各教育現場や教師たちが及び腰にならずに子どもたちに、性別や性的指向で人を判断したり差別してはいけないということ、世の中には異性愛者だけでなく同性愛者もたくさん存在していることなど、さらには多様な家庭や家族があることを教え、伝える機会をもっと増やしていくことが対処法として重要なのではないでしょうか。

また、このような子育てに際しての問題については、同性愛者の権利を認めることにつながる同性婚やパートナーシップ制度など、法律や制度の整備がなされていくことが、その解決の強力な糸口になっていくと考えられます。

〈大江千束・小川葉子〉

プロブレムQ&A

VI

当事者からの質問
——希望を持って生きよう

Q29 同性愛者であることに自信が持てず、いつも自己否定的になってしまいます

同性を好きになることって、やっぱり世間には認められていないし、自分が嫌になり、同性愛者に生まれてこなければよかった、とさえ思ってしまいます……。

ひとりではない

異性を好きになることが前提となって成り立っているこの社会の中で、私たち当事者もそれを当然のこととして受け入れることを強制されているわけですから、無理が生じてくるのは考えてみれば当然かもしれません。周りの状況が、せっせと毎日あなたから「自分らしさ」を奪っているわけですから。「そのまま（同性愛）ではいけない、こう（異性愛）あるべき」と間接的に、まるでそれが親切であるかのようにジリジリと迫られれば、誰もが自信を失っていくのは当たり前でしょう。

そんな自己否定に追い込まれるような状況の中で、私たちはどのようにしていったらよいでしょうか？　何よりもまず、そんな思いを抱いているのは「ひとりではない」ことを実感できる場を持ちたいものです。実感として受け止められる

世間並み

私たちは「世間並み」になれない、と悩むことがよくあります。世間の一般の異性愛者のように、家庭を作ったり、子育てをしたり、長いパートナーシップを作ったりできない「異端」な人間だと、思い込まされてしまうのです。しかし、この本を読んでもらえばわかるように、同性愛者でも、共同体（異性愛者にとっての「家庭」より広いイメージのもの）を作れるし、子育てもできるし、ただ長期的なものだけではない、新しく多様なパートナーシップを築けます。簡単に言ってしまえば、いくらでも「幸せ」になれます。また、

かどうかは分かりませんが、この本にこうして書いている人はみな同じ同性愛者なわけですから、近くにいないはずはないのです。しかし、他の同性愛者と出会うには少し勇気がいるし、出会ってすぐに何もかも解決するわけではないですが、誰かと出会わないことには、実は何も始まらないのではないでしょうか。

自分以外の同性愛者と出会うことは、きっと一人ではないという実感を掴《つか》む手がかりになると思います。同性愛者の中で、同じように自信を持てないでいた人と実際にその経験を語り合ってみると、たくさんの共感をもてると思います。そんなふうに共感し合えた相手とは、きっと他人とは思えないくらいに親近感を持てることもあるでしょうし、素直に相手の知っている情報を教えてもらうこともできるはずです。

出会うことが大切

同性愛者といっても何の変哲《へんてつ》もない一人の人間ですから、それこそ様々な人がいると思います。自分と同じ年代くらいの人もいるでしょうし、すごく近所に住んでいる人と知り合うかもしれません。話していくと、同じ学校の出身であることが分かったり、同じような趣味を持っていたり、もうそれだけで親近感が湧《わ》いてきます。一方でまったく今までに接することのなかったずっと年上の人や、違

「世間並み」に生きることだけが選択肢ではなく、異性愛者でも、結婚という形態をとらない人やパートナーシップがあっても同居しない人が増えているなど、今までと違った新しい生き方をしている人がいることをぜひ知って下さい。

った境遇の人、正反対の考えの持ち主と、ずいぶんと自分と違った人たちと接する機会があるかもしれません。同性愛者であることで、そんなバラエティに富んだ人間関係を築くきっかけをたくさん持てるのではないでしょうか。学校、地域、血縁などでのつながりを持たないが故に、どことなく私たちは、同じ同性愛者であるというつながりに何か意味を見い出そうとするのかもしれません。あるいは、多くの人が孤立し、同性愛者であることに自信を持てなかった時期を多少なりとも共有している、といっては言い過ぎでしょうか。

ありのままでいていい

ひとつ強調しておきたいのは、自信が持てない、自己否定的になってしまうということで、自分を責めないでほしいと思います。同性に意識がいってしまうのは何もあなたのせいではないし、誰を好きになろうが、誰とセックスをしようが自由なはずです。異性愛が「普通」だという世間の常識に飲み込まれている自分がいるだけなのです。その力は圧倒的に大きなものに感じられますが、私たちは同性愛者の仲間を持つことで、自分の中の「世間」を変えていくことができます。世の中の基準に取り込まれてしまうと、自分はこれでいいんだとは、いつまでたっても思えないでしょう。

性的指向

「異性愛になれないか」という相談を受けることもありますが、同性を好きになる気持ちを、自分の意志の力、あるいは、医学的な対応で変えることはできません。いつの時代にもどんな場所にも同性を好きになる人は一定の割合で存在しています。Q2を参照して下さい。恋愛の対象のあり方は「性的指向」と呼ばれていて、人間のありよう（個性と言ってもいいでしょう）の大事な部分のひとつです。

例えば自分の足のサイズがなぜこんなに大きいんだろう？　と気にしても始まりません。無理をし既成のサイズの靴を履《は》いて痛い思いをするよりも、自分に合った靴を探して履いた方が良いですよね。なければ作ってしまえばいいんですから。足が大きいという、ただそれだけでは何の評価基準にもならないということを知ってほしいと思います。ぴったりと合った靴が、自分に自信をつけてくれることもあるでしょう。とにかく、今あるそのままの自分でいてもいいんだということを知るためにも、少しだけ勇気を持って同じ同性愛者に出会ってみてください。そのままでいい、ありのままでいい自分を見つけるのは、あなた自身でしかないわけですから。

〈新井敏之〉

Q30 どうやって友達や恋人を探したらいいでしょうか？（ゲイ編）

毎日の生活の中では、同性を好きな人を見つけることなど全くできません。どうしたら、どこへ行ったら、友だちや恋人を見つけることができるのでしょうか？

ネットは強い味方

私たちが一番手軽に利用できるのはまず、インターネットではないでしょうか。一般に広く普及している、ゲイのための「出会い系サイト」には、地域別、タイプ別にカテゴリーが別れている掲示板や、フォトメと呼ばれる写真を載せられるメッセージ・ボードなどがあり、そこに友人や恋人を求める人たちの声がたくさん書き込まれています。また、当事者が個人サイトを運営しているものもあるので、その掲示板に行ってみたり、サイト運営者に直接コンタクトをとったり、オフ会に参加してみるのも手です。サイトの日記で、その人の人柄や日常を知っていると会いやすいでしょう。ゲイ・サイトといっても、基本的には、異性愛者の人が利用するものと同じですが、孤立しがちな私たちにとっては、貴重な出会いの場にもなり得るわけですから、その存在意義は多少違ったものになると思いま

オフ会
「オフラインミーティング」の略で、ネット上で知り合った者同士が実際に集まって、居酒屋で飲み会を開いたり、旅行に出かけたりして、わいわいと遊んだりすることです。会うのは初対面であっても、メールのや

す。

しかし、インターネットには、リスクもあります。手軽に写真や個人情報を交換できることが仇《あだ》となって、知らない間に自分の写真が別の掲示板に貼り付けられたり、自分の住所や電話番号を公開されたり、といったトラブルが、ここ数年、増えてきています。ですから、実際に相手に会い、信頼できる人かどうかがわかるまでは、そういった個人情報の公開には、慎重《しんちょう》になった方がいいかもしれません。

とは言え、その先には相手がいるわけですから、自分のことを率直に相手に伝えるのはとても重要なことです。実際に会ってみるまでは、相手がどんな人か分からないという不安はあります。しかし、その不安は、お互いに抱いていることでもあります。自分の外見や好みのタイプを相手に伝えることももちろん重要ですが、例えば、自分はどんな性格で、どんなアーティストが好きで、休みの日はどんなふうに過ごしているとか、自分の人柄を相手に知ってもらうようなアプローチをしてみてもいいかもしれません。お互いにペンネームのやりとりの段階であっても、そういった情報であれば、安心して交換できますよね。あまりにも警戒心を強く持ちすぎて、自分のことを何も相手に伝えず、ただ「会いましょう」と言われても、相手も困ってしまいます。

ネットの環境が広まる以前から多くの当事者達が利用してきたのが、ゲイ・マ

りとりなどで、相手のことをある程度知っているので、すぐにうち解け合えるというメリットがあります。

最近では、複数の個人サイトのオーナーが共同で開く合同オフ会もあり、ゲイにとってインターネットは、貴重な出会いのツールになりつつあるようです。ネット上でやり取りする場合は、「オンラインミーティング」と言います。

ゲイマガジン
主なものに、『バディ』(テラ出版)、『薔薇族』(第二書房)、『サムソン』(海鳴館)、『G—men』(ジープロジェクト)があり、どれも月刊誌です。それぞれのサイトから発売している書店を知ることが出来ます。

ガジンの通信欄です。通信欄というのは、ゲイ・マガジンの編集部が、読者の出会いの橋渡しをしてくれるもので、いわゆる文通欄のようなものです。雑誌に付属の応募用紙に、ペンネームや身長、体重、自分がどんな出会いを求めているのかなど、必要事項を書いて送れば、誰でも掲載することが可能です。また、投稿を見て気に入ったものがあり、編集部に自分の気に入った相手の番号を書いた手紙を出せば、その人の手もとに届けてくれます。投稿されている内容の多くは友人募集、恋人募集、趣味のサークル（バレーボール、テニス、合唱、お茶会など）の呼び掛けでしめられていて、雑誌を媒介して出会うことが前提であることが多いようです。これもやはりネットを使う時と同じようなことが言えると思います。また、ゲイ・マガジンには、ゲイ団体やＮＧＯの主催するゲイ向けのコミュニケーション主体のイベントの告知や報告なども載っています。

直接会ってみないと始まらない

友人や恋人を探す手段を考えた時、いちばん手っ取り早いのは、実際にゲイがいる場所に行く、あるいはゲイ・マガジンやネットを使ってサークルを探し、直接そのサークル主催者の人と会ってみることでしょう。そういったサークルの運営者は、連絡をとってくる初心者に慣れていることが多いので、緊張したり警戒

ピアフレンズ

例えば、「まだ、ゲイに出会ったことがない」「もっと友だちがほしい！」という十代・二十代が気楽に参加できる、友だち探しイベントとして、すこたん企画が隔月で主催している「ピアフレンズ」があります。昼間、アルコール抜きで、安全で安心できる場所で、話すきっかけのできるゲームやクイズなどを通じて行なわれるイベントで、たくさんの出会いが生まれています。

http://www.taigaweb.jp/pf/

したりすることも、あまりないと思います。初めて他の同性愛者と会うことになるのならば、そのことも素直に伝えておいてもいいかもしれません。大勢は苦手だと思うのならば、最初のうち何回かは、その主催者の人とだけ会う機会を作ってもらってもいいでしょう。

また、新宿二丁目（東京）や堂山（大阪）などに代表されるような、当事者が集まる繁華街《はんかがい》に行くのも、一つの手段です。ただ、あくまでも（お酒を介しての）交流の場であるわけで、勝手が分からない最初のうちから一人で気軽に、というわけにはいかないのが現状だと思います。そのためにもネット、通信欄、サークルなどを通じて一緒に行ける人を探すのが先かもしれません。バーなどではアルコールが飲めなくても文句は言われませんし、お店によっては定期的にボーリング大会やお花見、旅行などといったイベントも行なっているようです。その点はサークルに近いかもしれません。いずれにせよ、自分に合った場所を見つけ出せるまでいろいろと当たってみることでしょう。人によってそれはみな違うでしょうから。

それにしても、異性愛者の人たちが学校や職場、アルバイト先などあらゆる場所に同じ仲間や手本となる大人の存在がいるのとは対照的に、私たち同性愛者の場合は、普通なら周囲にいるはずのそんな存在と出会うことすら困難な状況に置かれている、というのを痛感させられます。

〈新井敏之〉

Q31 レズビアンの人が集まる場所を教えてもらえることはできますか？

自分はレズビアンではないかと思っています。同じレズビアンの人と話してみたいのですが、どんな場所へ行ったら、レズビアンに会えるのでしょうか？

世間では〝レズビアンというのは男になりたい女〟などと誤解されることもよくあり、髪が短くノーメイク、パンツスタイルでボーイッシュ・ルッキングな人がレズビアンであるといった偏ったイメージを持たれがちですが、実際のレズビアンたちは人それぞれであり、実に様々なのです。異性愛者と同様に、普段は仕事をしたり学校に通う人たちなのです。

自分とセクシュアリティを同じくする当事者と知り合いたい、友人になりたいと思うのはごく自然な気持ちなのですが、街を歩いていて道ですれ違った人や、電車の中でふと目が合った人がレズビアンであるかどうかは、その外見や印象だけで判断したり見分けることは非常に難しいものがあります。レズビアンと出会うためには、それなりの場に出向くほうがよいでしょう。

オープンデイやキャンドルナイト

ＬＯＵＤ（ラウド）はレズビアンやバイセクシュアル女性をはじめとするセクシュアル・マイノリティの人たちが利用することのできるコミュニティ。

オープンデイ：毎月第二日曜日開催／ＬＯＵＤの開放日（昼）

キャンドルナイト：毎月第四土曜日開催／ＬＯＵＤ主催のイベント（夜）

http://www.space-loud.org/

・レズビアン・コミュニティ
・レズビアンバー
・クラブイベント
・各サークル
・企画イベント
・ネットによる出会い系サイト

レズビアン・コミュニティ

レズビアンのための情報提供や相談窓口、関連図書や資料の貸出や閲覧《えつらん》、ミニコミ誌を印刷発行したり、イベントの開催などをしています。また、同性愛者と社会を結ぶ窓口として、講演や執筆などの活動、及びマスメディアの取材対応を行なっています。

スペースを提供してコミュニティセンターのようにレズビアンが自由に利用できるところもあります。東京中野にあるレズビアンコミュニティのＬＯＵＤ（ラウド）では、オープンデイやキャンドルナイトに毎回三〇人～六〇人が参加されています。

ＬＯＵＤの室内

レズビアンバー

新宿二丁目をはじめ、札幌・仙台・名古屋・京都・大阪・兵庫・広島・福岡など、各都市に点在しています。女性限定の店が多いのですが、男性とのミックス（ゲイ男性、常連客、女性同伴の場合）の店もあります。

クラブイベント

今や週末には必ずといっていいほど開催されている人気のあるイベント。こちらも各都市で開催されています。ゲイとのミックスも多く、ショータイムにはドラァグクィーンのショーが見られるところもあります。音楽ジャンルにこだわったり、広いダンスフロアを有する会場もあります。

各サークル

趣味のサークルから勉強会など。スポーツチームやダンス、演劇のサークル、オーケストラなど多種に渡り存在しています。各大学での同性愛者によるサークルも多く、同年代の同性愛者たちが性的指向を同じくする人と知り合う機会となっています。

れ組スタジオ・東京

http://www3.justnet.ne.jp/~rekumi/WELCOME.html

新宿にあるレズビアンのためのスペース。主な活動として、毎月ミニコミ誌を発行しています。

企画イベント

毎年開催されている〝東京国際レズビアン&ゲイ映画祭〟や、各パレードでは全国から大勢の同性愛者が集まります。ウーマンズウィークエンド、ダイクウィークエンドなどは、一般の公共施設を借りて二〜三日に渡り様々なワークショップなどを開催しており、レズビアンを中心に定着しています（日帰りや宿泊での参加が可能）。また、レズビアンであることをカミングアウトしている劇団の公演には、当事者も多数集まり好評を得ています。

ネットによる出会い系サイトやレズビアン関連のサイト

インターネットや、ネット可能な携帯電話の普及により、たくさんの情報をどこにいてもリアルタイムで得ることができます。出会い系専用のサイトなどでは、男性が女性（レズビアン）になりすましている場合もあるので注意も必要です。個人やカップルのサイトも多く、気軽な携帯メールの普及もあり利用者が増えています。オフ会では常連者同士が顔を合わせることができますし、小人数の場合が多いので、気安く参加できたりもします。

〈大江千束・小川葉子〉

劇団PINK TRIANGLE（ピンク・トライアングル）

一九九七年旗揚げ。レズビアン当事者としての観点から、オリジナルを含む作品を年一回から二回、上演しています。

Q32 ゲイバーってどんなところなんですか？

ゲイが出会う場所のひとつにゲイバーというのがあると知りました。行ってみたいとは思うのですが、どんなところかわからず怖くてひとりでは入れません……。

私たち同性愛者はなかなか日常の中で出会うことができない状況にあります。そんな中でゲイが仲間を求めて特定の場所に集まったというのは自然の流れでしょう。かつての歓楽街の中心だった場所に自然発生的に同性愛者が集《つど》う店ができはじめたのが、一般にも名が知れるようになった東京の新宿二丁目のはじめだったようです。

新宿に限らず、県庁所在地、あるいはそれに準ずる大きな都市の繁華街にはある程度の数のゲイ・バーがあります。ゲイ・マガジンやインターネットで、どの都市にどんな店があるか、すぐ調べることができます。

どんなところか？

ゲイバーという言葉には世代によって受けるニュアンスがかなり異なると思わ

れますが、ここでは広くゲイが集まり飲酒をする場所という視点で、それらがどんなところなのかを見ていきたいと思います。まず比較的古くからあるスナックのようなもの。ママがいて店員がおり、カウンターを中心に店内が構成されているもの。多くはカラオケも用意されています。ママの趣味や趣向により、内装やお客さんの雰囲気はばらばらなのでひとくくりにはできない部分もあるでしょう。お通し代と一杯目のアルコールで千二百円から二千円くらいでしょうか。ママや客同士のおしゃべり、趣味の話、うわさ話などで盛り上がったり。何度か行っているうちに顔を見知ったお客さんも増え、コミュニケーションをとりやすくなるかと思いますが、やはり初めて行くには一人でというよりもその店を知っている誰かに一緒に行ってもらえると心強いでしょう。

二つ目にいわゆるショットバー形式のものがあります。バーというスタイルはさほどかわりませんが、どちらかというとクラブに雰囲気が近いと思います。カラオケがなく、洋楽が比較的大きめのボリュームで流れていて、かなりくらい店内にブラックライトなどの派手な照明、いわゆる場を仕切ったりするママの存在がないのも特徴でしょうか。週末の夜には何かしらのイベントがあったりすることがあります。比較的早い時間から営業していたり、日の高いうちには喫茶スタイルのような営業をしているところもあります。

自分に合う店

それぞれの店の客層・会話のテーマ・サービス等は、千差万別でかなり異なっています。あるバーになじめなかったからといって、自分を責める必要は全くありません。自分にとって居心地のいい場所を見つけましょう。

三つ目にクラブといわれる空間があり、週末ごとにテーマ別のパーティーが催されています。音楽ジャンルごと、好みのタイプ別、ゲイ版ねるとんのようなイベントがあったりもします。DJによる音楽とドラァグクイーンと呼ばれるゴージャスで華麗な衣装に身を包んだパフォーマーによるショーが楽しめたりします。ゲイナイトの仕掛人達の中にはクラブシーンに身を置く若いゲイ達が多く、積極的に自分達の場を盛り上げていこうという空気を感じます。ゲイナイトは各大都市のいくつかの一般のクラブでも行なわれているようです。そこでもやはりドラァッグクイーンやDJの音楽が中心で、ゲイの客以外にも女性もいたりします。元来、クラブシーンにおいてゲイ男性が派手な女装でリップシンク（口ぱく）のショーをしていたのがドラァグクイーンのはじまりでもありました。クラブシーンというアンダーグラウンドの世界では、ゲイが華やかな存在としてもてはやされていたことが伺えます。

そして最後に観光バーといわれる類いのものを示しておきます。ショーパブといったらよいでしょうか。テーブル席があり簡単な舞台があって、ショータイムには華麗で本格的なショーを見せてくれたりします。来店する客はそういったショーやミスターレディーの軽快なトークを楽しみにくる場合がほとんどで、実際にはゲイ男性が客としてくることはほとんどないようです。働き手の中にはゲイ、トランスセクシャル、トランスベスタイトの人もいるようです。

恐くて入れないところ？

多くのゲイは偶然にゲイ・マガジンの存在を知ったり、なにかの折りにゲイの集まる繁華街のことを耳にしたり、断片的にしか情報を手に入れることができないのではないでしょうか。雑誌を買うのだって、私たちにしてみたら清水の舞台から飛び下りるような心境だったりします。それを買うところを誰かに見られたら？　買ってしまったらもう後には引けないんじゃないか？　その前に持っていったレジで店員になんて思われるだろう？　雑誌を買うのですらそんなことを考えてしまうのですから、ましてやゲイ・バーに足を踏み入れるなんてもってのほか、という気持ちはとても良く分かります。確かに知らないお店にひとりで足を踏み入れるのは難しいかもしれません。どんなところか想像もつきませんし。やはり初めての時は誰かに案内してもらうのがいいでしょう。雑誌やネットを活用して信頼できる人をみつけましょう。はじめはみな何も知らないのですから、少しでも情報を集めましょう。

〈新井敏之〉

トランスベスタイト
　異性装＝女装・男装をする人たちのこと。

自分の想いを大切に
　出会いの場は、バーだけではありません。サークルやインターネットのサイトを通じた出会いなど、出会いの選択肢は広がってきています。お酒が苦手だったり、雰囲気に合わなかったりして、バーには行かないレズビアン／ゲイももちろんいます。「バーに行けるようになってゲイとして一人前」という出会いの選択肢がほとんどなかった時代の考え方は、もう過去のものになっています。自分の波長に合う「居場所」を見つけることが大事です。

Q33 セイファーセックスってどうやればいいの?（ゲイ編）

最近、異性愛者の若者の間で、性感染症が急増していると聞きました。男同士でセックスをする時って、どうやって感染を防げばよいのですか?

セイファーセックスって?

セイファーセックスは、性感染症《せいかんせんしょう》（STD）を予防するための有効な手段です。STDは、セックスやキス、ペッティングなどの性行為《せいこうい》によって感染《かんせん》するすべての病気のことで、梅毒《ばいどく》や淋病《りんびょう》、エイズもその中に含まれます。異性愛者にも、同性愛者にも「自分は恋人としかセックスをしないから大丈夫」と言う人がいますが、そんな保証はどこにもありません。その相手が過去に別の人とセックスをし、STDに感染していたら、セイファーセックスをしなければ、感染する確率はぐっと高くなるのです。

セイファーセックスは、本来、異性間であれ、同性間であれ、HIVに感染した人たちが、恋人やセックスの相手に自分のウイルスを感染させないためにする、より安全な（セイファー）セックスのことをさします。ですから、感染者とのセッ

性感染症（STD）

性感染症は人を選びません。異性間であれ、同性間であれ、感染する可能性の高い行為を行なえば、誰でも等しく感染する確率は高くなります。

性感染症には、主に次のようなものがあります。感染経路と症状について挙げておきます。ここでは、異性間でも同性間でも行なわれている行為について述べてあります。ゲイに特有の行為というわけではありません。

【A型肝炎（…かんえん）】
尿を飲んだり便や肛門を舐めることによって感染。二〜六週間後、高

クスであっても、セイファーセックスによって感染を防ぐことができるのです。

コミュニケーションが大事

ＨＩＶに関しては、感染者の体液（精液、血液、膣分泌液など）と自分の体の粘膜との接触によってウイルスの橋渡しがおこるので、それを防ぐためにコンドームが有効だとされています。セックスの際にコンドームを使えばいい、というと簡単に聞こえますが、いざ行動するとなると、案外難しいかもしれません。

その難しさとはまず、セックスをする際に相手につけることを促すこと、あるいは自分がつけることを相手に合意してもらうことでしょうか。自分が装着した時に相手が「え、つけてやるの？」という反応をしてきたり、相手につけて欲しいことを伝えたりした時に「もしかして疑ってる？」といった反応があると、その後のコミュニケーションの時にも信頼関係が揺らいでしまいますよね。そのためにもやる前に「セックスでうつる病気っていろいろあるよね」といった感じで性感染症に対しての意識を確認するのもいいでしょう。お互いが十分に楽しめるためにも、相手を尊重する意味でも、コンドームをつけることが大事なんだというのを確認したいものです。もし仮に自分がＨＩＶに感染していることを知らないでセックスをしたとしても、つねにコンドームを使ったセックスをしていれば、

熱・吐気・倦怠感の後、黄疸症状。

【Ｂ型肝炎】
血液・精液・唾液が粘膜や傷口を通して感染。六週〜半年後、発熱・吐気・倦怠感の後、黄疸症状。

【Ｃ型肝炎】
出血を伴う肛門性交により感染。二週〜半年後、発熱・吐気・倦怠感の後、黄疸症状。

【アメーバ性赤痢（…せきり）】
尿を飲んだり便や肛門を舐めることによって感染。一〜三週間後、腹痛・血便・イチゴゼリー状の下痢便。

【梅毒（ばいどく）】
血液・精液・唾液が粘膜や口を通して感染。二〜四週間後、感染部位に硬いしこりや発疹（はっしん）ができる。

【淋病（りんびょう）】
粘膜部分［ペニス・尿道・肛門・直腸・のど］同士の接触により感染。二〜十日後、尿道では排尿時の激しい痛みと黄色いウミがでる。のどではのどの痛み・せき・風邪のような症状。肛門・直腸では腸が詰まった

誰かに感染させてしまうことも防げるわけですから。逆に知らぬ間に感染していたということも防げるでしょう。

コンドーム、触ったことある？

感染予防としてのセイファーセックスは、技術的になんら難しいことはないのですが、やはりこういったセックスのコミュニケーションの中でいかにそれを実行できるか、といったことにかかっていそうです。セックスとは、自分の快楽を追求するためだけのものではなく、心地よさを相手と共有し合っているという感覚をも満たせてこそ、お互いに楽しめるものではないでしょうか。

コンドームの装着《そうちゃく》に関して自信がなければ、一度は自分でコンドームに触って慣れておくといいですよね。コンドームをつける時にはうす暗いことが多いので、手間取ってしまいがちですから。勃起《ぼっき》をした最初の時点からつけておくのがより安全ではあるでしょう。相手のペニスをなめる場合、射精《しゃせい》がなければ感染の可能性はかなり低いといわれていますが、長時間にわたる場合や口の中に傷などがあると、そこからの感染もありえるでしょう。この辺りの基準は先ほどいったように、体液と粘膜《ねんまく》の接触ができる限りないようにすることを考えると分かりやすいと思います。そう考えると、相手の精液を口で受けるのは、ＨＩＶに感染する可

ような感覚・痛み・血便・下痢・痔。

【クラミジア】

粘膜部分（ペニス・尿道・肛門・直腸・のど）同士の接触により感染。一～三週間後、尿道からウミ、不快感。自覚できないことが多い。

【尖圭コンジローム（せんけい…）】

亀頭・肛門同士の接触により感染。一～三カ月後、亀頭や肛門にいぼのようなブツブツ。

【性器ヘルペス】

包皮・亀頭・肛門・直腸・口内どうしの接触により感染。一～十日後、感染個所に浅い潰瘍（かいよう）・激しい痛み・排尿痛。

【毛じらみ】

陰毛・わき毛、風呂・衣類を通して感染。二～六週間後、強いかゆみや皮膚の腫れ。パンツに血液が点状につく。

【疥癬（かいせん）】

皮膚の接触、寝具・衣類を通して感染。手足・くるぶし・股付近・脇の下に猛烈なかゆみやひふの腫れ。

能性が高い行為になります。アナルセックスでは、受け手の側が直腸で精液を受けるわけですから、コンドーム無しではかなり感染が成立しやすくなります。挿入する側であっても、相手が出血を伴っている場合もありますから、そうであればやはり体液と粘膜の接触はあります。なお、クラミジア、淋菌などは、フェラチオで感染する可能性が大きいことも、知っておいた方がよいでしょう。

危機管理も忘れずに

もし、口の中で出されてしまったら、飲み込まずすぐに吐き出しうがいをして下さい。また、万が一コンドーム無しで肛門に出された場合には、できるだけすぐにお手洗いにいって踏ん張って下さい。笑ってしまいますが、これもけっこう大事ですから覚えておいて損はないと思います。そして、少しでも不安に思ったら勇気を持って検査を受けて下さい。感染してしまったかもしれない、と思うと検査に行くのが恐いという気持ちも分かりますが、感染を知らないでいることはもっと恐いことでもあります。ＨＩＶは早期発見により、潜伏期間《せんぷくきかん》（感染後、未発症でいる期間）をより長くすることが可能になっています。また、ゲイ向けのＨＩＶ相談窓口もあるので、漠然とした不安を抱えている時でも、積極的にこういった相談窓口を活用していって下さい。

〈新井敏之〉

ＨＩＶは一七二頁参照。

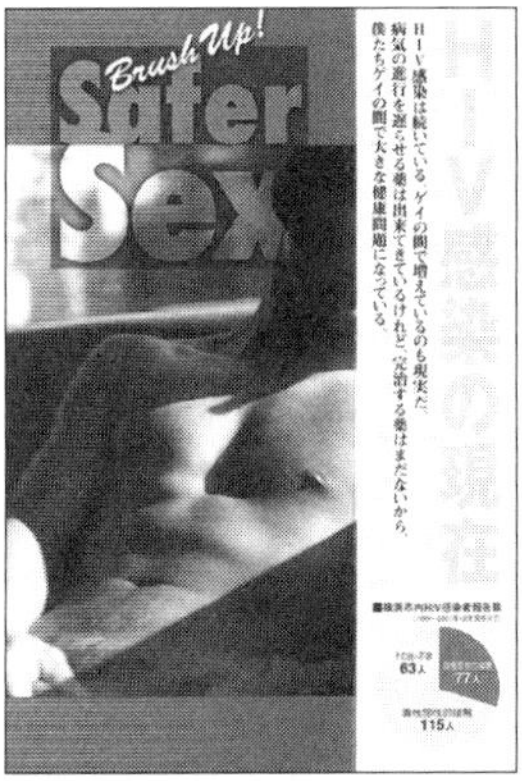

NPO法人アカーが地方公共団体と協力して作ったゲイ向けのセイファーセックスのパンフレット。

Q 34 女性同士でもセイファーセックスは必要なのでしょうか？

異性愛の人でも、性感染症が問題になっています。でも、女性同士ならば、かえってそういうことを心配せずにセックスができるのではないでしょうか？

異性間や男性同士のセックスに比べると、女性同士のセックスはＨＩＶを含む性感染症のリスクが少ないと思い込んでいる人たちが、レズビアン当事者の中にも多いようです。これまで女性同士のセックスにおいてセイファーセックスがあまり重要視されてこなかったこともあり、女性同士でのセイファーセックスがどのように行なわれているかのリサーチも少ない状況です。正しい予防法などについて、もっと女性同性愛者が認識していく必要があると思われます。

ＨＩＶや性感染症のウィルスは膣分泌液《ちつぶんぴつえき》にも含まれていますので、粘膜や血液（傷口）を介して感染します。オーラルセックス（クンニリングス）や膣内に指や性具（ディルドやバイブなど）を挿入する場合や生理中のセックスなど感染する可能性を十分に考慮して、女性同士であってもセイファーセックスを心掛けることはとても大事なことです。それは大切なパートナーや恋人、そして自分自身を性感染症から守ることにつながるのです。

性感染症にならないためには、具体的にはどうすればよいのですか?

・爪を短く切りそろえる。
・サージカル・グローブを使う(手術用などの薄手でピッタリとしたゴム手袋)。
・ローションを使う(潤滑剤、水溶性のものが良い)。
・デンタルダムを使う(治療の際に歯科医が使用する薄いラバー)。
・コンドームを使う。
・各種感染症の検査を受ける

女性器周辺や膣内部と直腸の粘膜はとても敏感で傷がつきやすいところです。爪を短くすることやサージカル・グローブを着けることによって傷がつくことを防ぎます。ローションを使って滑りをよくすることで裂傷《れつしょう》を避けることができます。指に傷がある時にはグローブを着ける事は必須です。また、セックスに際しては身体を清潔にしておくことは言うまでもありませんが、相手の性器に触れる手や指は特によく石鹸で洗っておきましょう。

レズビアン・ホットライン(電話相談)
動くゲイとレズビアンの会(OCCUR)〇三―三三八〇―二二六九(第一・第三日曜日十三時~十六時)
HIVと人権・情報センター 〇三―五二五九―〇二五九(第二・第四日曜日十九時~二十一時)
ネクスト・うぃめんず 〇一一―八一二―八四四四(第二金曜日十九時~二十一時)

膣に入れたグローブを、そのまま肛門（直腸）に入れるのはよくありません。ウィルスを移動させてしまうことになりますので、その逆も全く同様です。いったん使用したグローブは必ず取り替えましょう。

デンタルダムはクンニリングスの時に使用します。ダムを性器にあててその上から口で愛撫《あいぶ》するわけです。微妙な感触を楽しめない、ダムを手で押さえていなくてはならないので面倒《めんどう》くさい、などの不評も聞かれますが、膣分泌液からの感染を防ぐには有効な方法です。

ディルド（はりがた）やバイブレーターといった性具を使用する場合には、そのような性具にコンドームを装着して使用することが望ましいです。特に性具を複数で共有する場合には必須ですし、使用したコンドームは必ず取り替えましょう。

ＨＩＶや各感染症の検査を定期的にきちんと受け、自分の身体がどのような状態であるかを把握《はあく》しておくことは、自分のためだけのことではなく、パートナーや恋人などセックスの関係を持つ相手の身体や健康にも思いやりを示す大切なこ

ＨＩＶ

ＨＩＶの検査は、一般的に「抗体検査」と呼ばれています。これは血液中に、ＨＩＶに対する抗体があるかないかを調べるものです。ＨＩＶ抗体は感染後すぐに作られるのではないので、行政では、感染するような行為が行なわれてから三カ月後に検査を受けるように指導しているようです。

また、ＨＩＶの抗体検査は、各地の保健所で、無料で受けることができます。その際、実名で検査を受ける必要はなく、プライバシーは守られています。ただし、毎日検査を行なっている保健所は少ないので、前もって、いつが検査日なのかを確認してから行った方がいいでしょう。

とです。セックスをする相手が替わる時、複数の相手がいる人などは特に重要となってきます。また、もし自分自身が性感染症等の治療中である場合には、そのことを隠すことなく相手に事実を告げる勇気や潔さが重要です。お互いにきちんとコミュニケーションを計って、正しいセイファーセックスを行なうことは、優しく思いやりのあるセックスなのです。

〈大江千束・小川葉子〉

LOVE PIECE CLUB（ラブピースクラブ）
女性のためのセックスグッズストア。ウーマンフレンドリーなセックスグッズを紹介しています。
http://www.ummit.co.jp/love/

Q35 結婚プレッシャーがきついです。どうすれば乗り切れるでしょう?

職場で、お見合いの話が来たり、「どうして結婚しないの?」としつこく聞かれたり、耐えられません。この際、偽装でも結婚した方がいいのでしょうか?

やっかいな結婚というもの

制度は人間にとって有用であり、生活を保証してくれたり豊かにしてくれるもののはずです。しかしそういった制度によって、困ったりしんどい思いをしているという事例は、世の中を見渡してみるとたくさんあるように思えます。見方によっては同性愛者自身が社会の制度から外されているとも考えられますし、同性愛者であるということだけでもしんどいのだ、ともいえるでしょうか。そんな中でも同性愛者にとって結婚という制度もそのひとつかもしれません。結婚する気がないのに親から上司から親戚から、へきえきする程のお見合い話や「そろそろ結婚は?」という周囲からの親切な問いかけは、確かに頭を悩ませるものだと思います。次男・次女より長男・長女、都市部に一人暮らしをしている人よりも地方で両親と同居している人の方が、相対的に悩みは切実かもしれません。ゲイの場合、結婚が昇進など会社内の立場にも響いてくることもあるでしょう。レズビアンの場合は、日本はまだまだ男性優位社会ですから、寿退社《ことぶきたいしゃ》をしないことで白い目で見られるかもしれません。これらは同性愛者に限ったことではないのかもしれませんが、男女が結婚をし、世間が押しつけるそれぞれの役割（男性は外で働き女性は家で家事と子育てに専念する）を演じた家族を作ってはじめて社会的に一人前になる、というような信念を持つ人がいまだ多いのも事実でしょう。

自分の課題、他人（ひと）の課題

周囲からの結婚プレッシャーに対しては正直なところ、これと言ったかわし方があるわけではないでしょう。いっそ、適当にあしらってしまうしかないんじゃないかと思われます。「どうして結婚しないの？」と尋《たず》ねられた時には頭をかいて「いやあ、縁がなくって」とかわしていて不都合が生じなければ、それを押し通していくとか。そう尋ねる方も本気であなたの将来について考えているわけではないでしょう。本当に自分の人生について考えているのは、自分自身ですから。

それにしても男性の場合、特に結婚していないと一人前ではないという社会からの目は、依然として根強く存在しているように思います。そしてそういった価

幸福の方程式？

現代の日本社会では、女性と男性が恋愛（お見合い……）をして、婚姻届を出し、同居して「家族」を形成し（時として男性側の親も加わり）、子どもをもうけて、一家団らんに、離婚など決して考えずに暮らしていく……という恋愛／結婚観がいまだに支配的です。こんな典型的なライフスタイルをする人の比率はどんどん下がっているという事実があるのですが。

値判断を向けてくる人に限って、自分自身の価値基準に自信を持っていないということもあるかもしれません。結婚をしつこくすすめる相手には「なぜそんなに結婚をすすめるのですか?」と問い返してみてもいいのかも知れません。ただし、あまり喧嘩腰《けんかごし》にならないように。

きっぱりとした意思表示

結婚していないことに対する周りへの申し訳なさを感じているのならば、周囲の結婚プレッシャーからいかに逃《のが》れるかを考えるよりも、結婚する意志がないことを率直に伝えた方が、周囲にとっても親切なのかもしれません。きっぱりと、毅然《きぜん》とした意思表示には、どこかしら相手を納得させてしまうものがあるようにも思います。言い訳じみた理由をあれこれならべ立てるよりも「結婚する意志はありません」とだけ言えると効果的かもしれません。お茶を濁《にご》していると周りはいつまでも期待をするものです。一体どんな期待なのかは知りませんが。

偽装結婚について

周りや世間を気にしての結婚は、決して自分に幸福な結果をもたらさない、ということは言えるでしょう。これは異性愛者であっても同じことですが。もし結婚する相手が、自分の結婚相手が同性愛者であることを知らないのであれば、その結婚がお互いの信頼関係を欠くものであることは確かでしょう。それは相手に対し偽り続けることにもなるでしょうし、結婚した相手の家族や友人、その人たちすべてに対しても偽ることになります。その結果、ますます自分を偽る状況に追い込み、さらに自分及び相手を苦しめることになるかもしれません。

どんなライフスタイルを選択するかは最終的には個人の意志によるものではありますが、他人が関係してくることを忘れないで下さい。

〈新井敏之〉

Q 36 どうやってカミングアウトすればいいですか？

なんとか自分がレズビアン（ゲイ）であることを、親や友人や同僚にわかってほしいのですが、どんなタイミングで、どうやってそれを伝えればいいでしょう？

関係性を見つめなおす

カミングアウトしていない空間では、私たちは常に周囲から異性愛者だという前提で扱われることになります。異性愛者であることを強要されているという言い方もあるかもしれません。

そういった価値観の中にいると、一見関係のないところで同性愛であることがバレるんじゃないか、との不安から演技をせざるを得なかったり、ありのままの自分でいることすら困難になってしまうことがあります。些細《ささい》なことのように見えて、その心労は自分でも気付かないうちに心を病んでしまうことさえあるでしょう。

カムアウトは、そんな苦しさから解放されて楽になる手段の一つでもあるでしょう。あるいはまた、カムアウトすることは、私たちが周囲からの「（異性愛者であるという）みなし」に対して意思表示することであり、新たな自分の一面を知ってもらうことにもつながります。

同時に、相手に同性愛者がずっと身近な存在であることに気付いてもらうことにもなり得るかもしれません。

そういった意味でカムアウトとは、私たちにとって自分を確かめることであり、相手との関係性を見つめなおすきっかけであるといえそうです。

難しいカムアウト

両親に告げるかどうかは、おおいに悩ましいところでしょう。家族との関係というのはひとくくりにはできないし、容易に切り捨てられるものでもないですから、慎重にならざるを得ない部分だと思います。理解しようと真剣に努めてくれる場合もあれば、自分の子に限ってそんなことはあるはずないと思い続けようとする場合もあり、親によってその反応は様々です。友人には親しくなればなるほど、自分の重要な部分（同性愛者であるということ）を知ってほしいと考えるのも、ごく自然なことです。しかし、同性愛者だということを伝えた時点で、それが二人の間で何を意味するのかを考えるまでに至らない、ということもあるかもしれません。

あわてる親

親によっては、同性愛を病気だと考えて、カミングアウトした子どもを神経科や心療内科へ連れて行こうとするかもしれません。自分で親に説明しきれないときは、この本や同性愛に関する基本的で正確な情報が書いてある本（例えば『同性愛がわかる本』伊藤悟／明石書店）などを渡して読んでもらうのも手です。なお、ほとんどの病院では、同性愛は治療の対象にならないという事実を知っているはずですので、逆に、親の方に説明やカウンセリングをしてくれます。

構え過ぎずに

カムアウトの際には、何か特別な準備が必要というわけでもないでしょうが、相手がどんな反応をするだろうか、その反応にはどんなふうに応えていこうかなどとシミュレーションしてみてもいいでしょう。自分のことを話すためには、相手をよく知ることが重要だったりします。そうやって自分の気持ちの準備体操をしておけるといいですよね。こちらがどんなに心の準備をしようと、伝える相手にとっては突然でしょうから。

そして、告げるためにはやはり自分自身が同性愛者であることに自信を持っていたいものです。自分のことを話すのに、あまりにも自信がなさそうだと、聞いている方が不安になってしまいます。そんな大層な自信を持つ必要はないけれど、少なくとも自分で自分が同性愛者であることを受け入れられていないと、ちょっとでも相手から否定的な反応があった時に立ち直るのが難しくなります。周囲の同性愛者の友人に、カムアウトしようと思っていることを話してみるのもいいかもしれません。人に話すことによって自分の考えが固まってくることもあるでしょうし。ですから、相手と自分の状況やお互いの関係などを、じゅうぶんに見きわめて、できるだけ最良のタイミングをみはかることが必要です。

カミングアウトに答えはない

どんなふうに相手に伝えるかは悩ましいところですが、一般的に「こうすればいい」というような方法があるわけではありませんから、伝えようと思っている相手との関係性を大切にして下さい。話した時点でそうすぐに相手との関係性が変わってしまうということはあまりないでしょうし、相手から見たら、大切なことを自分に伝えてくれたと受け止めて、より信頼関係がますかもしれません。

また、一回話しただけですべてが伝わり理解し合えるわけではない、と認識しておくことも大事です。現代の社会では、相手に正確な情報がないどころか、偏見をしらずしらずのうちに持たされているかもしれません。今までの関係の延長線上で、何回も情報や自分の思いを伝え、相手とやりとりをしてお互いに変化していく「過程」がカミングアウトです。その時、相手の言葉に不愉快なことを感じたら、それも友人として伝え、我慢しすぎないことが、かえってあとでうまくいく秘訣です。この人にカムアウトしてよかった、と思える新しい関係性を創っていきたいものですね。

〈新井敏之〉

Q37 どうしたら同性愛者の恋愛やパートナーシップは長続きするのでしょうか?

同性同士の恋愛関係はすぐ終わってしまいがちで、長続きしない、という人がいます。本当でしょうか? 永続的な関係を望んでいるのですが。

こういった質問からは、同性愛者であるゲイやレズビアンの関係性が、何かとてもはかないものであるかのように思われている様子がうかがわれます。では本当に、同性愛者の恋愛やパートナーシップは壊れやすくて長続きしないものなのでしょうか。

「ゲイやレズビアンはすぐに相手(恋人やパートナー)を変える」などと言われることもありますが、その根拠《こんきょ》はありません。他人との付き合いやパートナーシップの捉えかたには異性愛者も同性愛者も関係なく、一個人としての考え方によって大きく違ってくるものです。この個人差が自分以外の他者である恋人やパートナーとの関係を左右していくのではないでしょうか。また、二人の間でお互いがどのように相手と向き合っているか(向き合ってきたか)、そして相手のことをどれだけ真剣に考えているかということも重要なポイントとなりますが、こればかりは当人同士にしかわからない部分もあるでしょう。確かに、お互い好意を持つようになって付き合い始めたものの、すぐに別れてまた別の相手と付き合うようなゲイやレズビアンもいます。また、極めて個人的な付き合いには慎重で、一人の相手とじっくり向き合っていくタイプの人もいますし、パートナーとして長年連れ添っている同性愛者のカップルもたくさんあります。このような関係性の多様さは何も同性愛者に限ったことでなく、異性愛者でも見受けられることです。

異性愛者で独身の男女のカップルが順調に付き合っていった場合、お互いの意志が固まれば、その大方が結婚していくことになるでしょう。異性愛者中心の社会においては、婚姻というものが男女のカップルの〝最終的な到達点〟とみなされることが多く、結婚して新たな家庭を築いていくのは当然のことのように捉えられていますので、良くも悪くも〝結婚して家庭をもってこそ、一人前の大人である〟とする風潮《ふうちょう》は現在でも根強く残っています。

一方、同性愛者の場合はどうであるかというと、近年、欧米圏をはじめとする諸外国で次々に制定されている〝同性婚〟や〝パートナーシップ制度〟の類いが、日本では全くありません。そのため長年連れ添って生活を共にしているような絆の深いカップルであっても、二人の間には強制力のある法律に基づく権利も

異性愛者の事実婚

法律上、「正式な結婚」と認められるためには婚姻届の提出が必要です。しかし夫婦別姓を望んでいたり、戸籍制度に対する疑問などから、婚姻届を出すことなく〝事実上の結婚生活〟を営むことを選択する男女のカップルもあります。

義務も一切ありません。したがって、そういったカップルの関係性については、本人同士や身近で親しい者以外の他人や世間にとっては〝同居している友人同士〟程度の、あまり意味を持たないものにすぎないと思われています。このように現実としてある意味、はかなさや希薄さを感じざるを得ない状況であることが、ゲイやレズビアンのカップルの考えに少なからずとも影響を与えていることはあるようです。もちろん、結婚という到達点や目標がないのが原因で、同性愛者の恋愛やパートナーシップが壊れやすくて長続きしにくいとは、一概《いちがい》にいうことはできません。それは異性愛者の男女間の関係性（恋愛・結婚）が、必ずしも永久に存続していくような盤石《ばんじゃく》で強固なものというわけでもなく、付き合っていた恋人同士が突然別れたり、結婚し子どものいる夫婦でも離婚することが多々あるのと同様なのです。

自分たちの気持ちさえしっかりしていればそれでよいと考え、長年に渡る付き合いをしてきた同性愛者のカップルが、「偏見の強い今の社会では、自分とパートナーが同性愛者であることを公に話すことができない。カップルであっても世間に認められていない、周囲に祝福もされないような関係を続けていくことにだんだんと疲れてきた」と話し、そのような心境と悩みからパートナーシップを解

パートナーとの関係性

長年つき合っている同性愛者のカップルの中には、パートナーと同居しているカップルもありますが、お互いのライフ・スタイルや考え方などの理由から、同居していない（あえて選択しない）ケースもあり、その関係性は様々です。

消して別れるケースも聞くことがあります。また、年齢に関係なく、ゲイやレズビアンの中には「相手（恋人）のことはとても好きだけど、ずっとこのまま付き合えるとも思えない。〝結婚〟できるわけでもないのだし、とりあえず今は深く考えずに楽しく過ごすつもり」という人たちもいますし、「どんなに魅力的に思える人でも、二人の〝将来〟のことを真剣に考えようとしない人と付き合っていくのは難しい」と考えている人たちもいます。

このように同性愛者のカップルも、その在り方も様々ではありますが、大切なパートナーとの付き合いをよりよく長続きさせるためには、二人の関係性についてお互いによく見つめ、労力や時間を惜しむことなく、よく話し合っていくことがどんなカップルにとっても重要なことではないでしょうか。どのような関係性が二人にとって望ましいのか、何が一番大事なのか、将来どのように生きていきたいのかなど、いろいろな方面からじっくりと考えながら、そしてお互いを恋人としてパートナーとして思いやりをもって接していく、そんな当たり前のことが実は何より大切であり、カップルの間で必要とされていると思います。

〈大江千束・小川葉子〉

関心の高まるパートナーシップ

二〇〇二年九月八日、「東京レズビアン&ゲイパレード二〇〇二」で開催された「東京・人権二〇〇二フォーラム」では、レズビアンやゲイのこれからとして、パートナーシップについてのパネルディスカッションが行なわれました。パートナーシップを支える制度や法律の必要性やパートナーシップをどのように捉えるかなどの意見が活発に交換されました。

Q38 いまL&Gはどのような活動をしていますか？

よく、「ゲイリブ」など過激な活動をしている人がいますが、かえって同性愛者のイメージを悪くしているのではないでしょうか？　本当に必要なのですか？

ゲイ・リブなんて、自分とは関係ない？

他のQでも見てきたように、マイノリティである私たちは社会の中で様々な生き難さを感じています。「そんな困難を乗り越えてこそ一人前のL&Gさ」という声も聞こえてきそうですが、同性愛者であることによっておこる不利益がどういうものであるかに関する情報は、きちんとした形で社会に届ける必要もあります。

異性愛者から見て（同性愛者から見ても）見えない存在である私たちのことは意外に分からないものですし、少数であるからといって不当に無視され続けているのはどう考えてもおかしいですよね。ある一人の同性愛者が社会に向かって訴えても、社会はなかなか耳を傾けてくれません。そこで組織する必要があるのだと思います。アカー（現在はNPO法人：動くゲイとレズビアンの会）による府中青年の家事件（コラム⑥参照）のように、組織することによって社会に問題を投げかける、あるいは問題を表面化させることもできます。

一方でレズビアン＆ゲイ団体が活動することは、孤立した同性愛者に向けてのメッセージにもなり得ると思います。見えない存在である私たちは、同じ仲間と出会うことができないまま社会で孤立しています。情報が溢れたこの社会でも、自分以外に同性愛者がいることを知り得るような情報にたどり着くまでには、思いのほか時間がかかります。それは世の中の同性愛者に対しての過剰なまでの嫌悪感が、本人にすら情報を手にとることをためらわせてしまうこともあるでしょう。そんな彼らにとって、当事者の発する性的ではない情報、というだけでも、自己肯定のための材料になるはずです。

異性愛者が性的な「だけ」の存在ではないように、同性愛者も性的な「だけ」の存在ではありません。地域に町内会、学校に同窓会があるように、私たち同性愛者も、同じ趣味、スポーツ、芝居、音楽、ハイキングなど、何らかのつながりを求め、集まっている側面もあるでしょう。また、パートナーや仲間と会社や商店を経営している人もいます。同性愛者の活動というと、差別をなくそうというような対社会的な運動や、HIVをめぐる運動ばかりが目につきがちですが、会員同士の交流や広く会員外の同性愛者のネットワーク、コミュニティづくりも活

電話相談
同性愛者による同性愛者へのソーシャルサービスのひとつに、電話相談があります。同じ同性愛者の立場で、共感しながら親身に相談に乗ってもらえます。悩んだときは、一九五頁の表を参考に相談してみて下さい。

劇団フライングステージ
一九九二年、旗揚げ。「ゲイの劇団」であることをカミングアウトしている、数少ない劇団の一つです。一九九二年には、豊島区主催第九回池袋演劇祭でグランプリを受賞しました（作品「陽気な幽霊」）。

動団体にとっての一つの大きな役割なのではないでしょうか。東京、札幌でのレズビアン&ゲイパレード（五九頁参照）などは、様々な活動団体の協力があってこそ成り立ったものだと言えると思います。

HIVとゲイ・リブ

もうひとつ、大きな役目を果たしてきたものに、HIVに関するさまざまな予防啓発活動やイベントが挙げられます。レズビアン&ゲイにとっては、そういった団体（巻末一九四頁参照）やイベントが提供する場自体にも大きな意味があると思います。繁華街という非日常的な空間からもう少し日常的な空間、人間関係を作るための保証された空間を提供するのも、そういった団体やイベントの役割でもあるでしょう。

自分たちの場を作る

「十年前二十年前からくらべて、同性愛者の置かれている状況は確実に変わってきている、マスコミの扱いも良くなってきていることだし、声をあらげなくとも自然に変わっていくんだから、よけいなことはしなくていいのでは?」という声を聞いたことがあります。

HIV予防啓発イベント

「ぷれいす東京」（HIV感染者やエイズ患者を支援する民間団体）の中にある「Gay friends for AIDS」というグループでは、毎年十二月に男性同性愛者向けの「VOICE」というイベントを行なっています。

アカー・札幌ミーティング・プログレス松山といった当事者団体の共催で「LIFE GURD」と題した参加型の予防啓発のイベントも開かれました。

大阪では「switch」、名古屋では「NLGR」といったイベントが二〇〇〇年前後から行なわれています。「switch」、「NLGR」ともにHIVの予防啓発に限らず、男性同士の挙式をあげたり、疑似婚姻証を発行したり、トークライブやイラスト展示をするなど、繁華街のお店やクラブ、表現者が協力して一種祝祭的な空間をつくり出しています。

たしかに状況は変わってきているし、黙っていれば直接的な差別にあいにくいかもしれません。でも、はたして「自然に」変わっていくものでしょうか？　当事者からマスコミ・行政・世間への働きかけなくしては、状況の変化はなかったのではないか、と僕は思います。

また、自分のおかれている状況だけにひたっていては、視野も狭くなりがちです。同性愛者であることを悩んだ時期を過ぎ、遊び方を覚え、パートナーもできて、ある範囲の生活に満足してしまうと、まだ同性愛を受け入れられずに悩んでいたり、同性愛であることでいじめやいやがらせを受けている「仲間」のことを忘れてしまいがちです。

そして、自分たちにしても、将来、老後や財産分与の問題にぶつかるかもしれません。私たちは、いつ、どこで、ハードルにぶつかるかわからない社会に生きているのです。「仲間」、そして自分の将来に想像力をはたらかすことが、自分の生き方も充実させることになるのではないでしょうか。そして、自分たちの場を自分たちで作り出していこうという働きかけ自体も、さらに言えば、自分らしく生きていくこと自体がゲイリブと言えるのではないでしょうか。

〈新井敏之〉

「LIFE GUARD」のパンフレット

Q39 私たちが安心して暮らせる世の中はくるのでしょうか?

同性愛はまだまだ社会に受け入れられていないと思います。私たちが幸せになれる日なんて来るのでしょうか? 絶望的な気分になってしまうのですが。

それぞれに思い描く世の中

難しい質問だと思います。実現が難しいということではなく、質問に含まれる「安心して暮らせる世の中」というものに対する捉え方が、同性愛者にとっては一人ひとり違っていて、多様だからです。

ある人にとっては自己肯定をしやすい世の中でもあるでしょうし、ある人にとっては差別におびえなくてもすむ日常であったり、またある人にとっては同性愛者の老後についてであったり。ここではとりあえず、「同性愛者だからといって特別にしんどい思いをせず暮らせる世の中」とでも捉えてみましょう。

悩みは尽きない

僕は、すこたん企画で電話相談のスタッフをしていますが、電話の他にも全国から少なくない量の相談メールをいただきます。レズビアンの女子高校生から「女の子に感心があることを、他のクラスメイトとの恋愛話の中で言えず孤立してしまう」といったものや、二十代のゲイから「地方に住んでいて他の同性愛者と出会う機会がない。長男でもあり家を継がなければならず、結婚しなければならないのかと考えると頭が痛い」などという声が、今もたくさん寄せられてきます。こんな声を聞いていると、いったい社会はいつになったら変わっていくのだろう？　と不安になってしまいます。

変わらない世の中はない

一方で、社会には確実な変化が起こっていることが、身近な足音として聞こえてきはじめていることも事実でしょう。

インターネットの出現は私たちをより容易に結び付けてくれることを可能にしましたし、東京や札幌ではパレードが開かれたり、様々な動きがあったりしています。海外に目を向ければパックス法など、私たちにとっては選択肢が増える方向には向かっていると思います。家庭科の教科書に同性愛者についての記述がなされたものが登場しました。誇張《こちょう》された偏見によるイメージばかりではなく、よりリアルな存在として受け止められてきている部分も増えてきているように見受

新しい家庭科の教科書

二〇〇三年度から使われる、新しい学習指導要領に基づく高校の家庭科教科書には、初めて、新たな家族形態の一つとして同性カップルが登場しています（前回検定では削られています）。例えば、ある教科書では、「現代の家族の特徴」の項目で、家族を「ライフスタイルの一つ」と表現し、婚姻届を出さない事実婚や、シングルマザーや、高齢者が気の合う仲間同士で生活する例などを挙げて、家族形態は個人が選択するもの、と位置づけた上で、同性カップルを紹介しています。

けられます。そういったことから考えると、より希望的な未来を想像することもできるでしょう。

変えていけるはず

世の中の価値観は相対的なものでしかなく、流動的であると言えるでしょうし、永遠に変化しない世の中というのは、考えにくいと思います。それをいかに私たちにとって良い方向にしていけるかは、私たち自身の手に委ねられているのかもしれません。

同性愛に関する嫌悪感も、欧米の価値観が入ってきたほんの百年前のことです。それを考えると、何十年かのちに社会がどうなっているかは、想像が及ばない部分もあるでしょう。私たちを取り巻く環境は、私たち自身がなんらかの動きをすることで変えていける、そう考えたいものです。

出会うことでも変わっていける

また、過去と比べて今がどうなったか、今と比べてこの先がどうなるのかを考え、一喜一憂する必要はないのではないでしょうか。私たちは「いま」という瞬間にしか生きられないわけですから、「いま」自分のいる環境を悔やむよりも、いま置かれている状況を違った角度から捉え、よりベターな方向を見い出す工夫をしてみるべきなのかもしれません。

違う角度から自分自身を客観的に捉え直してみると、全く悲観すべき状況ではない、ということが見えてくるかもしれません。また、人との出会い、特に同じ当事者との出会いは、視野を大きく変えるものなはずです。そういった仲間と出会うことは励みになり、それだけでも自分の中の「世の中」は変わっていくのかもしれません。

〈新井敏之〉

当事者団体の紹介

■NPO法人アカー（動くゲイとレズビアンの会）

〒164-0012　東京都中野区本町6-12-11　石川ビル2階
電話：03-3383-556（代表）
FAX：03-3229-7880
URL：http://www.occur.or.jp
E-mail：occur@kt.rim.or.jp

■LOUD（ラウド／レズビアンとバイセクシュアル女性のためのセンター）

〒164-0001　東京都中野区中野5-24-16 中野第2コーポ601
電話：03-3319-3069
URL：http://www.space-loud.org/
E-mail：loud@space-loud.org

■AGP（Association of Gay Professionals：同性愛者・教育・福祉・カウンセリング専門家会議）

電話：03-3319-3203（関東）、078-577-9979（関西）
URL：http://homepage2.nifty.com/AGP/（関東）
URL：http://member.nifty.ne.jp/0416/agp-kansai（関西）
E-mail：agp@gni.or.jp（関東）
E-mail：agp-kansai@mbn.nifty.com（関西）

■G-FRONT関西

URL：http://www5e.biglobe.ne.jp/~gfront/
E-mail：gfront@muh.biglobe.ne.jp

■HSA札幌ミーティング

〒060-0062 札幌市中央区南2条西5丁目 ロジェ札幌25　411号室
TEL/FAX：011-242-3321
E-mail：info@sapporomeeting.org
URL：http://www.aa.alpha-net.ne.jp/hsasm/

■すこたん企画

〒273-0865　千葉県船橋市夏見3-8-13
TEL/FAX：047-426-2315
URL：http://www.sukotan.com
E-mail：info@sukotan.com

同性愛者のための電話相談

■NPO法人アカー（動くゲイとレズビアンの会）

・ゲイ：毎週　火・水・木曜日19時～22時

・レズビアン：第1・3日曜日13時～16時

HIV感染者／エイズ患者：第2日曜日15～18時　第4金曜日19～21時

相談電話番号　03-3380-2269

■HSA札幌ミーティング

・一般電話相談：毎週　月曜日20時～22時

相談電話番号　011-242-3321

■AGP

・こころの相談：毎週　火曜日20時～22時

相談電話番号　03-3319-3203

・からだの相談：第1・第3水曜日21時～23時

相談電話番号　03-3319-3203

■AGP関西

・こころの相談：第1・第3水曜日20時～22時

相談電話番号　078－557－9979

■HIVと人権・情報センター（東京）

・ゲイの相談員によるゲイのためのAIDS電話相談：第2・第4日曜日19時～21時

相談電話番号　03-5259-0750

・レズビアンのための専用回線（同じようなセクシュアリティを持つ相談員による電話相談）：第2・第4日曜日19時～21時

相談電話番号　03-5259-0259

■HIVと人権・情報センター（大阪）

・ゲイの相談員によるゲイのためのAIDS電話相談：第1・第3土曜日18時～21時

相談電話番号　06-6882-0313

■ぷれいす東京・Gay Friends for AIDS

・HIV陽性者のための相談：木曜日11時～14時　金曜日17時～20時

相談電話番号　03-3361-8903

・ゲイのスタッフによるゲイのための相談：土曜日19時～21時

相談電話番号　03-5386-1575

■すこたん企画

・同性愛者のための電話相談「すこたんホットライン」：第2・第4金曜日19時～22時

相談電話番号　047-426-2315

〈著者略歴〉（執筆順）

伊藤　悟（いとう　さとる）ゲイ

「すこたん企画」主宰。『ひょっこりひょうたん島』から、一人ひとり異なる人間が、共に生きていくことのすばらしさと、知恵と勇気と希望を受け取る。それを「同性愛者」「異性愛者」の共生においても実践し、多彩な活動をしている「ひょうたん島民」。主な著書に『同性愛がわかる本』（明石書店）、『多様な性がわかる本』（虎井まさ衛氏との共編著／高文研）、『ひょうたん島大漂流記』（飛鳥新社）などがある。ウェブサイトはhttp://www009.upp.so-net.ne.jp/hyoutanjima/

大江千束（おおえ　ちづか）レズビアン

1960年東京都生まれ。東京中野にあるレズビアンとバイセクシュアル女性のためのコミュニティ、LOUD（ラウド）の代表運営スタッフ。ＴＶドラマや映画、コミックスやアニメなどで同性愛がエッセンスとなる作品を探すことに情熱を注いでいる。現在はパートナーと6羽の鳥と生活している。

小川葉子（おがわ　ようこ）レズビアン

1963年東京都生まれ。LOUDの運営スタッフとして活動している。『同性愛がわかる本』（明石書店）、『多様な「性」がわかる本』（高文研）にてエッセイやライフヒストリーを執筆。同性愛者も異性愛者と同様に、パートナーとの関係性を社会的にも認知される将来を望んでいる。

石川大我（いしかわ　たいが）ゲイ

1974年東京生まれ。「すこたん企画」ディレクター。「同性カップルがディズニーランドに手をつないで行ける社会」を目指して講演・執筆に活動中。当事者同士が安心して出会える場作りにも力を入れている。著書：「ボクの彼氏はどこにいる？」（講談社）ホームページはhttp://www.taigaweb.jp

簗瀬竜太（やなせ　りゅうた）ゲイ

1962年東京都生まれ。同性愛に関する正確な情報を、当事者と社会に伝えていくため、94年9月にパートナーの伊藤悟と「すこたん企画」を設立した。「すこたん企画」プロデューサー。無類の猫好き。著書に『男と男の恋愛ノート』（太郎次郎社）、『異性愛をめぐる対話』（飛鳥新社）などがある。

大月純子（おおつき　じゅんこ）

日本基督教団牧師。「わたしたちの性と生を語る会・広島」代表。広島を中心に活動しているいくつかのセクシュアル・マイノリティのグループに関わる。キリスト教が社会にもたらした性のイメージを払拭し、再構築することを目指している。また「被爆２世」の立場からセクシュアリティと平和の問題について取り組んでいる。共著：『性の意味＝キリスト教の視点から』（宮谷宣史編／新教出版社）

新井敏之（あらい　としゆき）ゲイ

「動くゲイとレズビアンの会」電話相談員を経て、すこたん企画ディレクター、電話相談担当。『同性愛がわかる本』（明石書店）に手記、『これがボランティアだ！』（晶文社）にインタビュー。同性愛者を中心に集まるRainbow Artsに参加し絵画・イラストレーションを始めとする創作活動も行なう。

〈著者連絡先〉

LOUD（ラウド）

LOUD（ラウド）は1995年、レズビアンやバイセクシュアル女性のためのコミュニティ・センターとして設立された。同性愛者に対する偏見をなくし、セクシュアル・マイノリティ女性が生きやすい社会を目指して、有志のボランティア・スタッフによって維持・運営されている。

〒164-0001　東京都中野区中野5-24-16 中野第2コーポ601
e-メール：loud@space-loud.org
ウェブサイト：http://www.space-loud.org/

すこたん企画

94年9月に、伊藤悟と簗瀬竜太によって設立された。スタッフが増えた現在では、従来から行なってきた講演・執筆活動に加え、同性愛や関係性をテーマにしたワークショップを開催したり、ゲイのための出会いをサポートするイベントや、電話・メール・対面のカウンセリングなども行なっている。

〒273-0865　千葉県船橋市夏見3-8-13
電話／FAX：047-426-2315
e-メール：info@sukotan.com
ウェブサイト：http://www.sukotan.com/

プロブレムQ＆A

同性愛《どうせいあい》って何《なに》？ ［わかりあうことから共に生きるために］

2003年4月20日　初版第1刷発行　　定価1700円＋税

著　者　伊藤　悟・大江千束・小川葉子・石川大我
　　　　簗瀬竜太・大月純子・新井敏之©
発行者　高須次郎
発行所　緑風出版
　〒113-0033　東京都文京区本郷2-17-5　ツイン壱岐坂
　〔電話〕03-3812-9420　〔FAX〕03-3812-7262　〔郵便振替〕00100-9-30776
　［E-mail］info@ryokufu.com
　［URL］http://www.ryokufu.com/

装　幀　堀内朝彦
組　版　R 企 画　　印　刷　モリモト印刷・巣鴨美術印刷
製　本　トキワ製本所　　用　紙　大宝紙業　　E3500

Printed in Japan　　ISBN4-8461-0220-3　C0336

●プロブレムQ&Aシリーズ

▨全国のどの書店でもご購入いただけます。
▨店頭にない場合は、なるべく書店を通じてご注文ください。
▨表示価格には消費税が転嫁されます。

プロブレムQ&A
戸籍って何だ
［差別をつくりだすもの］
佐藤文明著
A5判変並製　二六四頁　1900円

日本独自の戸籍制度だが、その内実はあまり知られていない。戸籍研究家と知られる著者が、個人情報との関連や差別問題、外国人登録問題等、幅広く戸籍の問題をとらえ返し、その生い立ちから問題点までやさしく解説。

プロブレムQ&A
「日の丸」「君が代」「元号」考
［起源と押しつけの歴史を問う］
佐藤文明著
A5判変並製　二〇四頁　1800円

「日の丸」「君が代」を「国旗」「国歌」と定めた「国旗・国歌法」によって教育の場で強制が強まっている。本書は「日の丸」「君が代」「元号」の起源とこれらが引き起こした論争を紹介、その変革の可能性を問う「目から鱗」のQ&A！

プロブレムQ&A
在日「外国人」読本［増補版］
［ボーダーレス社会の基礎知識］
佐藤文明著
A5判変並製　一八三頁　1700円

そもそも「日本人」って、どんな人を指すのだろう？　難民・出稼ぎ外国人・外国人登録・帰化・国際結婚から少数民族・北方諸島問題など、ボーダーレス化する日本社会の中のトラブルを総点検。在日「外国人」の人権を考える。

プロブレムQ&A
個人情報を守るために
［瀕死のプライバシーを救い、監視社会を終わらせよう］
佐藤文明著
A5判変並製　二五六頁　1900円

I・T時代といわれ、簡単に情報を入手できる現在、プライバシーを護るにはどうしたらよいか？　本書は人権に関する現状や法律を踏まえ、自分を護るための方法や、個人情報保護法案の問題点などをわかりやすく解説する。

プロブレムQ&A
どう超えるのか？　部落差別
［人権と部落観の再発見］
小松克己・塩見鮮一郎著
A5判変並製　二四〇頁　1800円

部落差別はなぜ起こるのか？　本書は被差別民の登場と部落の成立を歴史に追い、近代日本の形成にその原因を探る。また現代社会での差別を考察しつつ、人間にとって差別とは何であるのかに迫り、どう超えるかを考える。

プロブレムQ&A
アイヌ差別問題読本
［シサムになるために］
小笠原信之著

A5判変並製
二六八頁
1900円

二風谷ダム判決や、九七年に成立した「アイヌ文化振興法」など話題になっているアイヌ。しかし私たちは、アイヌの歴史をどれだけ知っているのだろうか？　本書はその歴史と差別問題、そして先住民権とは何か、をやさしく解説。

プロブレムQ&A
逮捕・拘禁セキュリティ
［被疑者・被告人・受刑者たちの人権］
佐藤友之著

A5判変並製
一八〇頁
1500円

不幸にして「犯人」とされた時、まず私たちに何ができ、何をしなければいけないのか？　職務質問・家宅捜索の対応法、取り調べでの心構えや弁護士選任から、法廷や留置場・拘置所の知識まで、人権擁護のノウハウを満載！

プロブレムQ&A
「解雇・退職」対策ガイド［改訂版］
［辞めさせられたとき辞めたいとき］
金子雅臣／龍井葉二共著

A5判変並製
二三二頁
1900円

平成大不況のもと、増えつづける労使間トラブルのすべてを網羅。会社が倒産した時、解雇された時、配置転換・レイオフ・肩たたきにどう対処したらベストなのか？　労働相談のエキスパートが解決法を完全ガイド。

プロブレムQ&A
働く女性のお助け本
［職場のトラブル対処術］
金子雅臣／龍井葉二共著

A5判変並製
一八六頁
1700円

男女雇用機会均等法があっても、まだ女性であることで不利益なことが多すぎる！　職探しから待遇差別、出産・育児・介護休業、セクハラ・お茶くみ・お局さま対策まで網羅した、女性が元気に働きつづけるためのお助け本。

プロブレムQ&A
パート・アルバイトのトラブル対処術
［いざという時のために］
金子雅臣／小川浩一共著

A5判変並製
二四四頁
1800円

パートタイマーやアルバイトだからといって勝手に時給を下げられたり、辞めさせられてはかなわない！　短時間労働者がどのような法律によって守られているかなどの知識を身につけて、会社の〝理不尽〟に立ち向かうための必勝本。

プロブレムQ&A
ひとりでも闘える労働組合読本
［リストラ・解雇・倒産の対抗戦法］
ミドルネット著

A5判変並製
二四四頁
1800円

平成大不況下で、リストラ・解雇・倒産などで失業者は増え続けるばかり。管理職を中心に中高年はそのターゲットだ。泣き寝入りはごめんだ。そんな時どうしたらいいのか？　ひとりでも会社とやり合うための六〇箇条。

プロブレムQ&A
これなら勝てる市民運動
［いかに悪徳行政と闘い開発を止めるか］
岩田　薫著
A5判変並製
二四〇頁
1900円
国や自治体などによる無駄な公共事業、役人の不正腐敗などの横暴を止めさせるには、市民が立ち上がるしかない。本書は、豊富な市民運動の経験者で元地方議員であった著者が、運動の立ち上げ方から必勝法を完全ガイド。

プロブレムQ&A
仲間と始める「会社」プラン
［ワーカーズ・コレクティブ入門］
宇津木朋子著
A5判変並製
二〇〇頁
1800円
同じこころざしの仲間と一緒に事業資金を出し合い、自分たち自身が労働者として働き、かつ経営者として責任を持つ、新しい時代の新しい働き方「ワーカーズ、コレクティブ」。その起業から運営のノウハウ全てを伝授する。

プロブレムQ&A
55歳からの生き方教室
［高齢者時代をのりきる40問40答］
マインド21著
A5判変並製
二二四頁
1800円
「もっと働きたい」「悠々自適の生活をしたい」「健康が不安」などと老後への思いはさまざま。でもそのための準備はしていますか？　健康や生きがい、死の問題から年金・保険・財産管理まで、気になるテーマを総ざらえ。

プロブレムQ&A
「たばこ病」読本
［禁煙・分煙のすすめ］
渡辺文学著
A5判変並製
一八六頁
1500円
現在海外の多くの国で、たばこ会社は「公害企業」「犯罪企業」と位置づけられ、「現代の死の商人」と呼ばれ厳しく社会的責任を追及されている。本書は、世界の趨勢に20年以上も遅れているという日本のたばこ事情の問題点を解説する。

プロブレムQ&A
バリアフリー入門
［誰もが暮らしやすい街をつくる］
もりすぐる著
A5判変並製
二四四頁
1600円
街づくりや、交通機関、住まいづくりでよく耳にする「バリアフリー」。誰でも年を取れば日常生活に「バリア」を感じることが多くなる。何がバリアなのか、バリアをなくす＝バリアフリーにはどうすればいいのかを易しく解説。

プロブレムQ&A
「障害者」と街で出会ったら［増補改訂版］
［通りすがりの介助術］
もりすぐる著
A5判変並製
二三四頁
1800円
最近はひとりで街にでかける「障害者」をよく見かける。「障害者」が生活しやすいバリアフリーな社会をつくるための知恵と、介助方法を紹介する。今回新しく、内部障害、難病の人との接し方などを増補し、全面増補改訂した最新版！